ぼくたちの離婚

稲田豊史

角川新書

すべての離婚者たちへ

「幸福な家庭はどれもみな同じようにみえるが、不幸な家庭にはそれぞれの不幸の形がある」
――トルストイ『アンナ・カレーニナ』(望月哲男《もちづきてつお》・訳)

「真の苦悩を味わったものだけが、他人に優しさを与えることができる」
――柴門《さいもん》ふみ『東京ラブストーリー』、赤名《あかな》リカのセリフ

「それは人生　私の人生　誰の物でもない　奪われるものか　私は自由　この人生は夢だらけ」
――椎名《しいな》林檎《りんご》『人生は夢だらけ』

まえがきに代えて／離婚は「人間の全部」

本書は、離婚を経験した男性たちに、離婚に至るまでの経緯や顚末《てんまつ》を聞いたルポルタージュである。

妻側の言い分《ぶん》は一切、聞いていない。あくまで夫《おっと》の側から、夫の勝手な「史観」で自らの離婚劇を総括したものだ。

なお、聞き手である筆者も離婚経験者である。

企画の発端は、知り合いに声をかけてもらった飲み会だ。

その会の名前は「バツイチ会」と呼ばれていた。離婚経験者たちが集まり、自らの離婚話を語りあう会である。

彼らの話は、どれも〝ハズレ〟がなかった。

苦痛に満ちた結婚生活。身も凍る修羅場。苦渋の決断。激しい後悔と開き直り。妻に対する未練や呪詛《じゅそ》の言葉。そこに、当時の胸中と現在の心情が入り交じる。それはそれは、地獄を見た当事者にしか発することのできない言葉で。文字通り、言葉に血がにじんでいた。

聞き手たちは各々自分の経験と照らし合わせ、興奮気味に共感を表明する。すねに傷持つ者同士にしか交わせない、深い共感と労《ねぎら》い。話者と聞き手が固い絆《きずな》で結ばれ、場に揺るぎない一体感が生まれていた。

アメリカ映画でよく目にする、アルコール依存症患者のセラピーを思い出す。車座になってパイプ椅子に座る、例のやつ。

自虐的な笑いと、強がりを含んだ悲哀。皮肉に理不尽。彼らの語る離婚劇には、そのすべてが含まれていた。

まるで落語。単なる離婚ネタ話というより、彼らの人生の物語。立川談志《たてかわだんし》風に言えば「人間の業《ごう》の肯定」。カメラメーカーのCM風に言えば「人間の全部」が、そこにあった。

それから数年。「バツイチ会」での強烈な経験は、「女子SPA!」という女性向けWEBメディアの連載「ぼくたちの離婚」に結実する。本書は、その連載原稿に加筆・修正したものだ。書籍用に、新規の取材による書き下ろしも収録した。

取材は基本的に、筆者と取材対象者の1対1で行われた（1名のみ、紹介者が同席した）。

取材場所は喫茶店、ファミレス、居酒屋など。取材時間は短くて2時間、長いと6時間を超えた。取材対象者が話し足りないと感じ、店をハシゴしたこともある。

それほどまでに、彼らは語りたくて仕方がない。言い分を聞いてもらいたくて仕方がない。離婚話を思う存分語れる場所も、言い分を聞いてもらえる相手も、他にないからだ。

取材後に「自分の離婚のことをこんなにたくさん話したのは、初めてです」と言ってくれた男性もいた。彼は離婚して10年近くも経過している。まだ、話し尽くしていなかったのだ。

プライバシーに配慮し、取材対象者や元妻をはじめとした人物名はすべて仮名とした。職業、年齢、登場する地名や固有名詞については、改変したものと、本人了承のもとそのまま載せたものとが混在している。

また、関係者への身バレを防ぐための配慮として、事実関係の細部や時系列に、ことの本質を歪《ゆが》めない程度のアレンジを施した。そのため、取材対象者をどのようにして探したのかをここに記すのは控えたい。

なお、取材には応じてくれたものの、できあがった原稿を読んで心変わりし、「掲載してほしくない」と連絡してこられた方がひとりいた（これをAさんとする）。

また、「女子SPA!」には一旦《いったん》掲載されたものの、掲載直後に本人の希望で掲載期間を

1ヶ月間に限定した回があった（これをBさんとする）。

さらに、「女子SPA!」に掲載され、一旦は書籍への収録を了承してくれたものの、書籍の編集作業が佳境に入ったところで、サイトからの記事の取り下げと書籍収録の中止を要請してこられた方がふたりいた（これをCさん、Dさんとする）。

Bさん、Cさん、Dさんが書籍収録を渋った理由は〝ある法的判断によるもの〟ゆえ、ここで詳細を明かすことはできない。筆者はいずれの方とも話し合いをもち、交渉を試みたが、最終的には筆者が納得する形で本人たちの希望を呑《の》んだ。

いずれも連載時には比較的反響の大きかった回ゆえ、書籍に収録できないのは書き手として断腸の思いではあったが、彼らには彼らの（そして元妻には元妻の）人生がある。いかに彼らの物語が「おもしろい」ものであったとしても、我々が興味本位で他人の人生に横槍《よこやり》を入れる権利などない。

取材と原稿執筆にあたっては、最初に4つのルールを決めた。

①最初から「夫の味方」というスタンスでは話を聞かないこと。
②取材対象者に抱いた筆者の疑念も隠さず原稿に織り込むこと。

③明らかに矛盾している発言も、そこに意味があると感じられたら、そのまま原稿に入れ込むこと。

④教訓じみた結論を筆者が言い切らないこと。

読者のなかには、本書のある箇所で、身の上話を語るうえでは当然開示されているべき情報が不自然に語られていない、と感じる方もいるかもしれない。理由はおもに２つ。

ひとつは、取材では語ってくれたものの、原稿チェックの時点で「やはり載せないでほしい」と掲載を断られたから。

そしてもうひとつが——こちらのほうが大事だが——いくら聞いても本人がそのことについて語ろうとしなかったから。あるいは、巧妙にその話題を避けたから。

人間は往々にして、語るべきことを語らない。自らの離婚を、自分の人生のなかで正当化するために。あるいは、聞き手の共感と賛同を誘うために。

それは決して悪意ではない。これもまた、「人間の全部」の一部なのだ。

語られないことにこそ、真実がある。そんなことも念頭に置きながら、彼らの物語にしばし耳を傾けてほしい。

#【目次】

＊ Case #01〜#08、#12、#13は「女子SPA!」(2018年6月〜2019年8月)掲載記事に加筆・修正。
Case #09×#10、#11は本書への書き下ろし。

第1章　〝家族〟を背負えないぼくたち

Case #01　三浦隆司

夫になれない

●「まあいいか」で結婚

結婚した男は、子供ができれば父になる。妻が専業主婦なら、経済的に養っているという事実を根拠に〝主《あるじ》〟としてふるまえる。

では、子供のいない共働き夫婦の場合、男はどうやって〝夫《おっと》〟の称号を得ればいいのだろう？　それを見出《みいだ》せず離婚したのが、三浦隆司《みうらたかし》さん（37歳）だ。

三浦さんが結婚したのは12年前、25歳の時だ。相手は3年ほど付き合っていた彼女・絵里《えり》さん、当時23歳。ふたりとも都内にひとり暮らしで、ともに大学卒業後に新卒で入社した会社に就職していた。現在の平均からすればかなり早めの結婚だ。おめでた婚でもない。

「僕は学生時代からそこそこ多くの交際経験がありました。だから、これ以上の相手は現れないだろうという見切りが、25歳という年齢でつけられたんです。絵里とはしばらく同棲《どうせい》してから結婚するつもりでしたが、双方の親から『同棲するくらいなら結婚しろ』と言われて、まあいいかと」

細身で長身、どことなく高橋一生《たかはしいっせい》似の三浦さんは、イケメンだがチャラチャラした雰囲気はない。中学時代から本と音楽にまみれたサブカル好きで、東京六大学のひとつに進学。マスコミ志望で就職活動し、都内の中堅広告代理店に新卒で入社した。

都内の別の大学に通っていた絵里さんとは、絵里さんが大学在学中に合コンで知り合い、交際がスタート。絵里さんの大学の偏差値は三浦さんの大学より2ランクほど低かったが、絵里さんは持ち前の明るい性格と人当たりの良さが幸いし、誰もがその名を知る老舗《しにせ》の超大手企業に内定、入社する。

三浦さんが入社4年目、絵里さんが入社2年目の年に結婚。都内の賃貸マンションに居を構えた。しかし生活を共にしはじめると、三浦さんは絵里さんとの決定的な価値観の違いを意識せざるをえなくなる。

●妻のセックス観は「わかりません」

「女性は20代半ばで寿退社して、専業主婦になって、ローンを組んでマイホームを買う。彼女の職場は骨の髄までレガシーな世界観だったんですよ。毎日そんな同僚に囲まれていれば、彼女自身も洗脳されていくのは当然。普段の僕との会話にも、そんな感じの人生計画話が交じるようになりました。

一方の僕には、まったくそんな人生プランはなかったです。新卒で広告代理店には入りましたが、一生そこで働く気はありませんでしたし、数年修業したら自分のやりたい仕事のために〝尖《とが》った〟会社に移りたいとも思っていました。やりたい仕事ができるなら、あえて小さい会社、あえて少ない給料でもいいなと。

それに何より、もっと遊びたかったし、もっとライブに行きたかったし、もっと友達と浴びるように酒を飲みたかった。貯金やローンなんて、少なくとも20代前半時点でなんて、考えもしない。価値観・人生観が、彼女とどんどん合わなくなっていきました」

学生時代からの付き合いなので、就職活動を通じてお互いの仕事の志向がまったく違うことは了解していた。ただ、三浦さんは「仕事と私生活は切り分けられると思った」という。だから絵里さんに自分の仕事を理解してもらおうとは思わなかった。

だが、それは甘かった。理解以前に、生活サイクルが合わないのだ。

「僕の職場は猛烈に忙しかったんですが、勤怠管理はかなりゆるかったんです。深夜まで仕事して酒を飲んで帰って、翌日昼前まで寝ていることもしばしばでした。絵里は僕が帰る前に就寝して、毎日朝7時半に起きてきっちり9時に出社。まったくと言っていいほど顔を合わせません。

加えて僕は土日に友人と会ったり、ライブやクラブに行ったりしていたので、ふたりですごす時間というものが捻出《ねんしゅつ》できない。平日はもちろん、土日合わせても1週間に一度も食卓を囲まないことが、しばしばありました」

結婚後、三浦さんはやりたい仕事を追求するため、ある制作会社にプランナーとして転職する。小さな会社だったが、野心的な企画にどんどんトライできる〝尖った〟社風が三浦さんには合っていた。もともと大手志向はなく、いつかはフリーとして腕一本で食っていきたいとも考えていたので、少数精鋭部隊で昼も夜もなく仕事をする環境は合っていたという。

しかし、夫婦としてすごす時間は輪をかけてなくなっていった。

「ある時、お互いの人生プランがかなりずれていることに気づいたんですよ。僕はまだまだ遊び足りなかったし、限界まで仕事をしたかったけど、彼女はもっと穏やかな〝家庭〟が作りたかった。本当は子供も欲しかったんだと思います」

しかし、子供を作るかどうかの話し合いをするまでもなく、子作り方面は絶望的だった。

「もともと僕は性欲が強いほうではないんですが、結婚する直前くらいから徐々にセックスの回数が減っていきました。まだ20代ですから、もちろん加齢のせいにはできません。危機感はありましたけど、どうしようもない。最後の1年間は完全にセックスレスでした」

奥さんは三浦さんとのセックスに対してどう考えていたんでしょうかと聞くと、三浦さんは少し間を置いて答えた。

「わかりません。もともと彼女も性に積極的なほうではなかったし、そのことについて話しあったこともないので」

●〝夫〟を演じられる人と、演じられない人がいる

離婚したのは結婚5年目。三浦さんが30歳、絵里さんが28歳の時だ。三浦さんによれば、離婚の理由は「夫婦になるには若すぎた」から。

「お互いの人生プランが固まっていないうちに結婚したのが失敗でした。こういう仕事、こういう働き方を、これくらい続ける。子供はいつ頃作る。もしくは作らない。そういう話をまったくしなかったわけではありませんが、20代のうちはそれがものすごく変わる。職場環境によっても変わるし、人間としての精神的な成長や変化もある。だから、精神的に成熟していない若いうちの取り決めなんて、当てにならない」

では、何歳くらいだったら人生プランが固まるのですかと聞くと、三浦さんは「うーん……僕はいま37歳ですけど、さすがに今だったら、もう変わらないでしょうね」という返答。

しかし、絵里さんがもし今も三浦さんと夫婦だったとすると、35歳だ。夫の描く人生プランが「これ以降は変わらない」と確証を持てるまでに結婚から12年もかかるというのは、さすがに酷《ひど》すぎる。子供を作る、作らないを決めるにしても、絵里さんが20代の頃と35歳では母胎の状況も大きく異なる。

その点を指摘すると、ばつが悪くなったのか、三浦さんは話題を変えた。

「……僕はずっと思っていることがあるんです。世の中には、結婚して、〝夫〟という役割をうまく演じられる人と、演じられない人がいる。僕は演じられない人だったんですよ。結婚しても相手との関係性は恋人時代から変わらないと高《たか》をくくっていましたし、家庭を司《つかさど》る責任感のようなものも持てなかった。結婚はしたけど、〝いい感じの関係でしょ〟くらいでいいんじゃないかと考えていました」

●夫になれなくても、父にはなれる?

では、演じるべき夫の役割とは何でしょうか、という問いに対する三浦さんの返答は「毎日決まった時間に帰ってくること」「趣味のものを衝動買いしないこと」と、いまいち歯切れが悪い。三浦さん自身、ありもしない〝夫〟の定義に引きずられているのかもしれない。するると、こう切り出した。

「ただ、僕は夫にはなれなかったけど、父にはなれると思うんです。子供ができれば、強制的に人の親、つまり父になることができる。そこは、僕の中の希望なんです」

希望というのは、現在の三浦さんにとっての希望という意味だ。そうでなければ、20代の三浦さんは絵里さんとの間に子供を儲《もう》けたはずである。

三浦さんは昨年、36歳の時に再婚した。子供はまだいないが、欲しいという。意地悪く、でも性欲がないのでは？　とつついてみた。

「子供が欲しいという明確な目的があれば、セックスはできます。それに、この年になれば儀礼的・儀式的なセックスにも耐えられる（笑）。20代の僕にそれは無理でした」

三浦さんは、こんなことも口にした。

「離婚している人で多いケースだと思うんですけど、20代で結婚して子供を作らないまま5年くらい経つと、離婚する可能性はすごく高まりますよ。なんなら五分五分くらいじゃないかな」

子はかすがい。離婚ストッパーたる子供がいなくても夫婦が夫婦として維持されるためには、互いにある程度の人間的成熟が必要——というのが三浦さんの主張である。やはり彼の考える離婚の理由は「若すぎた」なのだ。

「20代の頃、〝我《われ》は夫である〟という意識はまるでありませんでしたが、今はあります。理由？ 妻がいま仕事をしてなくて、実質的に専業主婦なんですよ。だから、僕が頑張らないと」

二度目の結婚で、ようやく〝夫〟になれた三浦さんは、どこか誇らしげだった。

Case #02　竹田康彦

人は壊れる

●「これで毎日会えるね」

人が離婚の理由を語る時、「100パーセント自分のせい」と懺悔《ざんげ》するケースは意外に少ない。仮に浮気や裏切りが原因でも、「自分に浮気をさせた妻が悪い」などと口走るのが人間だからだ。

しかし、若い頃の石田純一《いしだじゅんいち》にどことなく似た風貌《ふうぼう》の竹田康彦《たけだやすひこ》さん（40歳）は「すべて僕のせい。妻には何の責もない」と言い切る。離婚の理由は「酒」だ。

宮城県出身の竹田さんは、物心ついた時から新聞記者を目指していた。高校では新聞部の部長。進学した関東《かんとう》の某国立大学では、マスコミ研究サークルに所属した。

就職活動では当然新聞社を受けたが、採用は叶《かな》わず。採用枠の少ない出版社も軒並み落ちてしまい、ＰＲ会社か編集プロダクション（編プロ）の二択で悩んだ末、取材して記事を書く「記者」に近い仕事ができそうな編プロを選んだ。

「待遇はＰＲ会社のほうが圧倒的に良くて、編プロがブラックだということはもちろん知っていましたが、どうしても文章を書く仕事をしたかったんです。その編プロは生活情報系のフリーペーパー制作を請け負っていたので、記事が書ける！と思って」

仕事は激務を極めた。基本的に毎日終電で帰宅。土日を丸２日休めるのは皆無で、忙しい時期は月の半分近くが徹夜もしくは会社泊だった。その当時交際していたのが、後に妻となる２歳下の洋子《ようこ》さんである。

「マスコミ研究サークルの後輩で、僕が3年生の時に彼女は1年生。新入生としてサークルに入ってきた年から付き合いはじめました。明るくて、とても気立てのいい子です。卒業後は比較的大手のＰＲ会社に就職しました」

ただ、洋子さんが就職してからは、なかなかふたりの時間が合わない。竹田さんの長時間労働が尋常ではなかったからだ。

「会う時間が減り、さびしいと思うようになりました。同棲も考えましたが、だったら結婚しちゃったほうがいいなと思い、僕が26歳の時にプロポーズ。洋子はニッコリして、『これで毎日会えるね』と言ってくれました。あの時の笑顔は忘れられません。

でも、僕は彼女を裏切ったんです」

●アルコール依存症の自覚なきまま、泥酔中に離婚

結婚する少し前から、竹田さんの酒量が急激に増え始めた。仕事の内容が大きく変わり、記事を書く仕事ではなく、広告主との調整と進行管理がメインになったためだ。広告主の無理難題に耐えながら、綱渡りのスケジュールをなんとかこなす毎日。心の休まる時は1日たりともなかった。

「もともと酒は好きでしたが、ありえない量を飲むようになってしまいました。仕事から帰ってきても緊張と興奮で寝付けないので、毎日のように寝酒。4リットル1980円とかの安い醸造酒を買ってきて、3、4日で空けちゃう。大量に飲酒すると眠りが浅くなるので、午前2時に寝ても朝6時か7時には目が覚める。それでまた飲んで、少しだけ眠って、シャワーを浴びて昼前に出社。そんな毎日でした」

クライアントに愛想よく振る舞う自分と、かつて新聞記者志望だった自分。そのギャップに折り合いがつけられないことも、竹田さんを深酒《ふかざけ》に向かわせた。結婚して同居をはじめても、それは変わらない。日に日に酒量が増えていく竹田さんを洋子さんは心配していたが、止めることはできなかった。

「結婚して1年くらい経った頃は、目が覚めている時はずっと酔っ払っている状態でした。それでよく仕事ができたものだと思いますが、昼も夜もなく戦場のように激務の職場だった

ので、なんとかなっていたんです。酒臭いのはまずいと思ったので、出勤前には念入りに歯を磨き、会社では大量のフリスクを頬張っていました」

典型的なアルコール依存症だが、この時の竹田さんは、自分がそうだという自覚がなかった。禁酒外来に通うという発想もゼロだったそうだ。

「ある時、自宅最寄りの駅前で酔いつぶれて寝転がっていたら、女性が声をかけてくれたんですよ。よく見たら、洋子でした。本当に優しい女性なんです。なのに僕ときたら、ささいなことで彼女と口論し、今から思えば信じられないほど酷い罵詈《ばり》雑言《ぞうごん》を吐いて、よく彼女を涙ぐませていました。手を出したことはありませんが、暴力という意味では同じです。僕は完全に壊れていたんです。メンヘラでした」

離婚の決め手もちょっとした口論だ。泥酔した竹田さんが「じゃあ、もう離婚する？」と言うと、洋子さんは躊躇《ちゅうちょ》せず、「うん」と首を縦に振ったという。

「多分、彼女は僕が言い出すのを待っていました。いい加減、耐えかねていたんでしょうね。ただ、離婚届を出しに行く道すがらの洋子の言葉が忘れられません。彼女、言ったんですよ。『もう一回、考え直さなくてもいいのかな』って。夕焼けの逆光に洋子が照らされていました」

竹田さん31歳、洋子さん29歳。交際をはじめてから約10年で、ふたりの関係は終わった。

●家族は永遠じゃない

「今思えば、一生謝り倒しても足りないくらいの仕打ちを洋子にしたと思います。彼女に悪いところなんかひとつもない。20代の貴重な時間を、僕みたいな飲んだくれに費《つい》やして、結局何も残らなかった。心から申し訳ないと思います」

竹田さんは10年近く前の離婚を今でも悔いている。

「僕は東北《とうほく》の田舎育ち。町内はもちろん、小学校も中学校も高校も、周囲に離婚している家庭がひとつもなかったので、家族というものは永遠なんだと、心のどこかで思っていました。でも自分の手で家族を壊してしまったことで、家族ってこんな簡単に壊れるんだと思い知ったんです。ショックでした」

洋子さんの人生を台無しにしてしまった罪悪感と自己嫌悪で、竹田さんの心はいっそう荒《すさ》んでいく。離婚後、3人の女性と付き合ったが、やはり酒癖が邪魔をして長続きしない。

しかし、離婚から5年後、竹田さんが36歳の時に運命の人が現れる。飲み会で知り合ったデザイン事務所所属のデザイナー・佐智江《さちえ》さん（当時33歳）だ。

「音楽の趣味が合っていて、すぐ仲良くなりました。すると2回目のデートの時に言われたんです。お酒飲んでるよね、って。たしかにその日も朝から飲んでいました。僕は死ぬほど恥ずかしくてうろたえたんですが、すかさず彼女は言いました。『大丈夫、治せるよ。私も経験あるから』」

なんと、佐智江さんも仕事のストレスからアルコール依存症になり、禁酒外来で克服した過去があるというのだ。その後、竹田さんは佐智江さんの献身的なサポートにより、数ヶ月かけて禁酒に成功する。

「命の恩人です。彼女がいなかったら、今ごろ僕は廃人でした」

交際から1年半。竹田さん37歳、佐智江さん34歳でふたりは結婚する。最高のハッピーエンド……と思いきや、話はここで終わらない。

●人生に債務が残っている

「一昨年《おととし》の秋くらいから、佐智江がうつ病を発症したんです。もともとストレスを溜《た》めやすい性質で、アルコール依存症だった時期にも心療内科に通院していたと、その時はじめて知りました。きっかけは会社での人間関係です。情緒がかなり不安定になり、僕がいないと食事もまともに摂《と》らなくなったので、退社を勧めました。今はデザイナー職とは無縁の派遣事務を10時～19時でやっています」

佐智江さんは、出会った頃とは別人のように変わってしまったという。

「家では基本的に涙ぐんでいますし、ささいなことに腹を立て、僕の行動になんやかやといちゃもんをつけ、毎日のように当たってきます。『あなたと結婚したせいで私の人生が台無しだ』と言われた時には、洋子の20代を台無しにしたことを思い出して、つらくなりましたね。ただ、あまり反論せず、聞き役に徹するようにしています」

失敗した結婚とアルコール依存症を乗り越え、ようやく手にした幸せのはずなのに、人生とはなんとままならないものか。しかし竹田さんの表情はそこまで暗くない。「毎日おつらいですね……」と声をかけると、竹田さんは言った。

「もちろん大変ですし、毎日が戦いです。だけど、僕は佐智江に恩があります。佐智江は僕を救ってくれました。だから今は僕が佐智江を救わないと、なんていうか……僕の人生がフェアじゃないものになってしまう。それに、こんなことを言うのは不謹慎だと思いますが、洋子を不幸にした分の債務《さいむ》も、僕にはまだ残ってるんです」

「過去の罪を償《つぐな》っているということですか？」と聞くと、そうじゃないんですと竹田さんは首を振った。

「永遠だと思っていた家族ですら、いとも簡単に壊れる。つまり永遠なんてない。だから人は、心が一時的に壊れてしまっても、その状態が永遠には続かないと思うんです」

竹田さんは、自分で自分に言い聞かせるように熱弁した。

「それに、壊れた状態で吐く言葉が〝ほんとう〟じゃないことは、アルコール依存症で壊れていた僕自身が一番よく知っています。今の佐智江は僕に罵詈雑言を浴びせてきますが、それは佐智江の〝ほんとう〟じゃない。泣き叫ぶ佐智江の薄皮一枚の奥に、〝ほんとう〟の彼女がいるんです。……すみません、気持ち悪いノロケですよね」

そんなことはないです、と言うしかなかった。

「アルコール依存症は一生完治することがないので、僕もいつまたダメ人間に戻ってしまうかわかりません。もし佐智江が回復しないまま僕が依存状態に逆戻りしたら、僕はそのまま体を壊して死んでしまうでしょう。その時は、洋子の『これで毎日会えるね』と佐智江の『大丈夫、治せるよ』を思い出しながら死にたいんですよ」

Case #03　橋本亮太

家族が得意じゃない

●他人と本当に交わることなんて、できない

「僕は〝ささやかな日々の幸せ〟とか〝家族と一緒にいて、なにげない時に幸せを噛《か》みしめる〟みたいな感覚が、わからないんです」

そう話す橋本亮太《はしもとりようた》さん（39歳）は、長身で垢抜《あかぬ》けた文化系メガネ男子。髪は黒々、腹の出っ張りは皆無で、タイトに着こなしたポロシャツがよく似合う。波乱万丈の人生を歩んだアラフォーにはとても見えないが、彼には9歳の息子とともに某県で暮らす別れた元妻がいる。彼は毎月、安くない養育費を支払う身なのだ。

東京の中堅出版社で文芸編集者として働いている橋本さんは、編集者らしく話しぶりは知的かつ論理的にして明晰《めいせき》。表情豊かで気遣《きづか》いもできる人という印象だ。こんな人が「ささやかな日々の幸せがわからない」と口走るのは、少々意外に思える。しかし順を追って彼の生い立ちを聞くと、納得がいった。

「実家は愛知県の片田舎です。僕は物心ついた時から、両親同士の関係に温かい愛情を感じることがありませんでした。父は名古屋《なごや》に本社がある大手企業に勤める高給取りのサラリーマンでしたが、明らかに、外に女がいたんです。

会社までの通勤時間は1時間ちょっとでしたが、あるとき父は名古屋市内にマンションを借りて一人暮らしをはじめました。家に帰るのは月に2、3回程度。その後、僕が大学生のときに退職して事業をはじめました」

家族をかえりみず、好き勝手に生き、自己実現にひた走る父。対照的に、明らかに不幸な母の姿を、橋本さんは目《ま》の当たりにしていた。

「結婚当初から父からの愛がないことに気づいた母の生きがいは、僕と姉の子育てだけ。だから彼女は子育てが終わると、生きる軸がなくなってしまったんです。離婚しようにも、専業主婦が長かったので働いて自活することもできない。なんて不幸な人なんだろうと思いました」

橋本さんは、そんな両親を見てひとつの結論にたどりつく。

「無理に結婚を続けても、いいことなんてひとつもない。ごまかしごまかし続けて年を取ってしまったら、取り返しがつかなくなる。母の姿を見て、つくづくそう思いました」

「家族みんなで仲良く団欒《だんらん》」といった幼少期の経験を経ないまま、橋本さんは寮制の中高一貫校に入学する。その寮生活も大変だった。

「寮内の人間関係がとにかくつらかった。学校の教室だけならまだしも、四六時中一緒にいて同級生と交わっていると、他人の嫌な面がすごく見えてくるんですよ。仲の良かった奴とちょっとしたことで突然仲が悪くなったり。そういうのが自分だけでなく、寮内で常にモザイク状に発生していて、心の休まる暇がない。心底疲弊《ひへい》しました」

橋本さんが6年間の寮生活で形成したのは「他者に対する諦念《ていねん》」だという。

「他人と交わった気になっても、本当に交わることなんてできない。人は結局ひとりなんだなって。僕は18歳の時点でそう仕上がってしまったんです」

●覚悟なく「責任感」で結婚

高校卒業後、他県の超難関大学に合格した橋本さんは一人暮らしをはじめ、ジャズ研のつながりで知り合った県内の女子大に通う優子《ゆうこ》さんと交際をスタートする。橋本さんは19歳、優子さんは2歳上の21歳。優子さんは実家暮らしだった。

「僕の大学と優子の女子大の間には、よくカップルが成立していました。その女子大は僕の大学より偏差値が10以上低かったんですが、アクの強い学内の女子にいかず、昔ながらの良妻賢母な女子が多い優子の大学に目が行く男は多かった。僕もそのひとりです」

優子さんはそれほどジャズが好きというわけでもないし、何かのカルチャーにものすごく詳しいわけでもない。自己主張もあまりない。橋本さんによれば「気立てが良くて穏やかで優しい女性」だそうだ。

優子さんは卒業後、地元建設会社の事務職に就職。いっぽうの橋本さんはその2年後、現在も勤める都内の出版社に入社する。ここで遠距離交際になるかと思いきや、優子さんはあっさり会社を退職して橋本さんを追いかけ、上京。派遣社員の仕事をしながら橋本さんとの同棲をはじめる。そして数年が経過した。

「優子は、結婚したい、子供が欲しいとしきりに言ってくるようになりました。僕としては、結婚する気持ちはこれっぽっちもなく、子供にもまったく興味がありませんでしたが、20代前半から付き合った女性を30歳手前で放り出すなんて、さすがにひどいなと思って……。あまり覚悟もなく結婚しました。僕が27歳、優子が29歳の時です」

「責任感が強いんですね」と言うと、橋本さんはすかさず「誤った責任感ですけどね」と自《じ》嘲《ちょう》気味につぶやいた。

●子供に愛情が湧かない

橋本さんによれば、優子さんは「家族との暮らしや日々の小さな幸せを大切にする人」だった。しかし、この一般的にはとても好ましく人間味ある彼女の価値観に、橋本さんはどうしても共感することができなかったという。

「両親の不仲とストレスフルな寮生活を経験した僕は、家族であるというだけでひしひしと感じる幸せとか、日々の生活からにじみ出る幸福みたいなものを、まったく解さない人間だったんです。ただ、それでも目立った波風は立ちませんでした。今思えば、彼女が僕に合わせてくれていたんでしょう。当時の僕はまったく無自覚でしたが」

しかし結婚から3年後に子供が生まれたことで、価値観のズレは一気に顕在化する。

「子供は欲しくなかったんですが、優子の望みに応《こた》えてやりたくて。それに、僕は期待したんです。家族であるというだけでひしひしと感じる幸せみたいなものを、今までは感じられなかったけど、さすがに生まれてきた子供の顔を見れば感じられるのではないかと。世間ではそう言われてますし、新聞や雑誌の記事にいくらでもそう書いてあるでしょう」

しかし、期待は無残にも裏切られる。

「ダメでした。いくら子供の顔を見ても、前向きな責任感とか、湧《わ》き立つような愛情とか、そういう強い感情が生まれてこない。世に聞く〝この子は俺の遺伝子を受け継いだ俺の子だ！〟みたいな高揚感みたいなものをまったく感じなくて。……僕は欠陥人間でした」

当然のことながら、母親である優子さんは橋本さんに父親の役割を——精神的にも、家事分担的にも――求めてくる。しかし橋本さんはそれに応えない。応えられない。夫婦仲は目に見えて悪化していった。

「いま離れて暮らしている9歳の息子のことは可愛いと思います。ただ、僕が息子を可愛いと思えるようになったのは、息子にある程度自我が芽生えてきて、人としてなにか面白いことを言いはじめてから。妻に対してもそうなんですが、ただ無条件に家族であること自体に幸せを感じるということが、どうしてもできませんでした」

寮生活で橋本さんが悟った、「他人と交わった気になっても、本当に交わることなんてできない」「人は結局ひとり」が思い出される。

「それでわかったんです。ああ、僕は〝家族が得意じゃない〟んだと」

●一生の苦痛か、一生の十字架か

息子さんが1歳になったばかりの時に、橋本さんは離婚を申し出た。優子さんは、たとえ両親が不仲でも息子のために離婚は絶対に避けるべきだと抵抗する。しかし橋本さんの決意は揺るがなかった。

「その当時も、依然として冷戦状態だった自分の両親のことが頭をよぎりました。不仲な両親の姿なんて子供に見せるわけにいかない。それに僕自身、ごまかしごまかし結婚生活を続けたら、いずれ母のように人生の取り返しがつかなくなる。怖かったんです」

3年の別居を挟み、離婚。当然、息子さんは優子さんが引き取った。橋本さんは養育費の支払いに加え、生活力のない優子さんのためにローンでマンションを購入し、離婚成立と同時に優子さんに譲渡。橋本さんの人生設計は大きく狂った。

それから5年たった今も、橋本さんは罪の意識にさいなまれている。

「妻子には当たり前の幸福を与えることができませんでした。一生背負う十字架です」

気立てが良くて優しい妻、健やかに育つ息子、仕事も順調。他人から見れば、何ひとつ不満のない家族のはず。しかし、〝家族が得意じゃない〟橋本さんにとってそれは、多額の金銭的負担と一生の十字架を引き受けてでも避けたい種類の苦痛だった。橋本さんは離婚を決意した当時の心境を思い出して、こうつぶやいた。

「この苦痛が一生続くと思うと……すぐにでも逃げ出したくなったんです」

現在、橋本さんは父親と断絶状態にあり、数年来口をきいていないという。そんな橋本さんは母親の側につき、有利な条件で父親と離婚できるよう弁護士に相談中である。

Case #04　田中元基

「かわいそう」だから結婚した

●再婚理由は「金銭的に支える必要がなかったから」

4年前に再婚した田中元基《たなかもとき》さん（41歳）に元妻のことを聞いても、なんだか要領を得ない。「普通の、か弱くて優しくていい子でした」。離婚の理由は「うーん、彼女はすぐに子供を作りたかったけど、僕はいらなくて……」。それ以上、言葉が出てこなかった。

森山未來《もりやまみらい》似の田中さんの職業は、大手IT企業が運営する有名WEBメディアのディレクター。10年ほど前、WEBメディアの存在感が今とは比べ物にならないほど小さかった頃、当時勤務していた大手出版社の高待遇を捨てて転職したという。

田中さんは29歳の時、1つ歳下の里美《さとみ》さんと7年にわたる交際の末に結婚。しかし結婚生活は3年で破綻《はたん》した。それにしても、里美さんの人となりについての説明が極端に少ない。

埒《らち》が明かないので、話題を現在の再婚相手に変えてみた。

「今の妻、亜希子《あきこ》は僕と同業者で、歳は5つ上です。複数のIT企業が集まるコンベンションというかアワードというか、そういう席で知り合いました。亜希子の勤務先も、うちと同じくらい有名なWEBメディアをいくつか抱えるIT企業です」

田中さんは離婚した3年後、35歳の時に40歳の亜希子さんと知り合い、37歳の時に42歳の亜希子さんと結婚した。ちなみに亜希子さんは初婚である。現在、ふたりの間に子供はいない。

「亜希子は出会った時点でそれなりにいい年（40歳）でした。恋愛を巡っては悲喜こもごも経験済みでしたし、結婚に変な夢も見ていなかった。運命の相手と大恋愛の末に結ばれる──みたいな期待も、婚活に焦っている様子もなかったです」

亜希子さんと再婚した理由を率直に聞くと、率直な答えが返ってきた。

「金銭的に支える必要がなかったからです。彼女は収入もポストも、ぶっちゃけ僕より上。当時も今もです。結婚してからも財布は完全に別々だし、彼女の貯金額も知りません。あ、もちろん彼女の見た目も性格も、普通に好きですよ（笑）」

しかし、むしろ驚いたのは次の事実だった。

「今、亜希子とは一緒に暮らしていないんですよ。亜希子が上海《シャンハイ》の支社に赴任中なので、僕はひとり暮らし用のマンションに住んでいます。一昨年までは僕がバンコクにいて亜希子が日本でした。実は結婚後に同居した期間が、ほとんどないんです」

●「守ってあげたい」がわからない

「お互い海外赴任がこれから多くなるだろうことを織り込み済みで結婚した」と田中さんは言うが、せっかく結婚したのに長らく別居状態なのは、さびしくないのだろうか？

「実は亜希子と結婚するにあたり、〝同居〟はマストではなかったんですよ。同じマンションで別の部屋に住むのもありかもね、って話をしてたくらいですから」

　相手を金銭的に支える必要がない。一緒に暮らさなくても構わない。聞けば夫婦ともに子作り願望はない。であれば、このまま男女交際の形式を続けても良さそうなもの。少なくとも法律婚である必要はないのではないか？

　そう問うと、田中さんは少しだけ言葉を淀《よど》ませた。

「いい質問ですね（笑）。難しいな……。言ってみれば契約、かな。相互扶助契約。どちらかが病気で倒れた時には助け合う。……ただ、今の結婚が契約だというのは、あくまで僕の考えです。亜希子が聞いたらどう思うかは……わかりません」

　理屈ではわかるが、腑《ふ》に落ちない。そんな筆者の曇り顔を察したのか、田中さんは思い出したように話し始めた。

「関係あるかどうかわからないですけど……僕、相手を〝守ってあげたい〟って気持ちがまるでわからないんです。世の中には彼女や配偶者に〝か弱さ〟を求める男性もいますが、僕にはその志向が全然なくて」

現代の日本では、依然として「家長たる男が、妻と子供たちを金銭的にも精神的にも庇護《ひご》する」がデファクト・スタンダードとして生きている。いまだに一部女性誌がこぞって「男への上手な甘え方」を指南するのは、何をか言わんや。

無論、若者の間ではそんな旧世代の〝常識〟は希薄だろうが、41歳の田中さん世代に対する「男児かくあるべし」という社会的圧力は、彼らの親世代からを筆頭にまだまだ存在するのだ。

「里美は僕に、夫として、未来の父親として、家長としての立ち居振る舞いを明らかに求めていましたが、応えてやれませんでした。でも亜希子はそれらをまったく僕に求めません。彼女に十分な収入があるのは理由のひとつでしょうが、精神的な自立心も強いんです。彼女は個たる人間として、揺るぎなく確立しているというか」

田中さんが結婚の理由として挙げた「金銭的に支えなくてもよい」は、「精神的に支えなくてもよい」の意味も含んでいた。

●言葉が通じない苦痛より、ロジックむき出しの衝突

「精神的な自立心」「個としての確立」で筆者の頭によぎったのが、出版関係者やメディア関係者からよく聞く、同業者婚のリスクである。言葉を生業《なりわい》にする共働き夫婦は、互いの仕事に辛口のアドバイスを施すなど、仕事におけるポリシーの違いを明確に言語化しがちなため、関係性に波風が立ちやすい。精神的な自立心が強い者同士が夫婦の場合、よりいっそう衝突が多いとも聞く。

「言い合いはもちろんありますよ。亜希子が関わっているWEBメディアと僕が関わっているWEBメディアは、直接競合ではないけどジャンルは近い。考え方のギャップで口論になったりもします。ただ、お互い年齢も重ねているし、その衝突が関係を維持するための重大な瑕疵《かし》だとは思わないんです」

瑕疵、すなわちキズや欠点のこと。日常会話ではあまり使わない言葉をさらっと使う田中さん。亜希子さんとの議論でも、さぞかし豊富なボキャブラリーが飛び交うのだろう。

「里美は、亜希子みたいな言葉を持っていませんでした。口論になると、僕が一方的にまくしたてるみたいになって、議論にならない。僕はそれが嫌でした。里美としては頑張って僕に合わせてくれようとしていたようで、申し訳なかったです。ただ、僕はやっぱり、意見が合おうが合うまいが、話のできる相手がいい」

田中さんにとっては、ロジックむき出しの衝突のほうが、言葉が通じない苦痛よりずっと好ましいのだ。これは「同業者夫婦の破綻」の真逆。同じ要因が結婚の要因にも、離婚の要因にもなるというわけである。

「僕は目的意識を持って生きている、自立した女性が好きだったんです。それを、前の結婚では明確に意識できていませんでした」

その言葉を皮切りに、田中さんはようやく里美さんの人となりについて話しはじめた。

●妻を哀れんでいた

「里美は僕よりずっと学歴が低くて、職種もごく普通の事務職です。特にキャリアへのこだわりもない。誰かと結婚して子供を作ってお母さんになって生きていく以外にプランがないように見えました。

これは本当にクズ発言だと重々承知ですが……僕はそんな彼女のことをどこか哀れんでいた。かわいそうな存在だと思っていたのかもしれません。だから7年も付き合ったあげく放り出したら、この人は生きていけなくなるだろうと不安になったんです」

しかし田中さんは、結局音《ね》を上げてしまう。

「自分の意見や言葉がなく、目的意識もなく生きている里美のことが、僕はすごく……嫌だったんでしょうね。うん、嫌でした」

裏を返せば、田中さんが取材冒頭でなにげなく口にした「普通の、か弱くて優しくていい子」という里美さんのパーソナリティが、田中さんにとっては離婚原因のすべてだったのかもしれない。

「哀れむだの、かわいそうだの……。あの時の僕は、里美の人格を尊重していなかったんですよね。今日、稲田さんとお話しして、ようやく思い至りました」

10年近く前の離婚にも、いまだに新しい発見がある。田中さんは「話のできる相手」である亜希子さんに、この発見をどんな言葉で伝えるのだろうか。

あるいは、伝えないのだろうか。

Case #05　吉村健一

父の条件

●デビューしたが食っていけない

「僕、たまに人から〝アスペ〟っぽいって言われるんですよ」

センターパートで分けたパーマ頭に丸メガネ。ラーメンズの片桐仁《かたぎりじん》にヒゲをたくわえたような容貌の吉村健一《よしむらけんいち》さん（38歳）は、そう言った。

アスペ、アスペルガー症候群。発達障害のひとつで、現在では「自閉症スペクトラム障害」という診断名が用いられている。「他人の気持ちを推し量るのが苦手」「生活や仕事をするうえで自分が決めたルールにこだわり、それ以外のルールを強いられると激しいストレスを感じる」といった症状が、一般的に知られている。

「僕、人から相談事をされると、ものすごく理論的にアドバイスして嫌がられるんですよ。相手は単に同意を求めているだけだと頭ではわかっているんですが、意味もなく相槌《あいづち》を打つのがむちゃくちゃ苦痛で。論理的じゃないことが耐えがたいんです」

吉村さんは音響会社に勤める音響エンジニア。学生時代に趣味でバンドをやりながら楽器店でバイトし、ライブ会場に通ったり、さまざまな楽器に触れたりすることで、この職に就くこととなった。

しかし吉村さんにはもうひとつの顔がある。都内の小劇場を中心に活動する役者でもあるのだ。

「高校時代に観た小劇場の舞台に感動して、大学時代は学生演劇にかなり真剣に取り組みました。その頃からサラリーマンになる気はまったくなかったですね。大学卒業後は、つてのある劇団に入って芝居一本でいきたかったんですが、親の勧めで大学院に行くことになりました。こう見えて、勉強はできるんですよ（笑）」

大学名と大学院名を聞いて驚いた。いずれも、日本では偏差値で上から5本の指に入るであろう学校である。大学院に進学した吉村さんは引き続き精力的な演劇活動を続け、在学中に中堅芸能事務所に所属することになる。晴れてのプロデビューだ。

「ただ、事務所に所属したはいいですが、そんなに甘いものじゃなかった。一応プロとして舞台に立ったり、テレビドラマの端役として出演したりもしましたが、全然、食っていける気配がないんです」

結局、吉村さんは大学院を2年休学して合計4年間在籍したが、4年目には役者業に見切りをつけ、就職へと舵《かじ》を切る。舞台のPAスタッフとして経験値があったこと、楽器店のコネクションなどから、音響会社への就職が決まった。26歳の時である。

●「パパは昔、プロの役者だったんだぞ」

「当時、大学時代から付き合っていた、同い年の奈美《なみ》という彼女がいました。僕が学生演劇で舞台に立っていた時のお客さんです。奈美自身はそこまで演劇好きではなかったんですが、演劇好きの友達に付き合って、何度か公演を観に来てくれていました。ある公演の打ち上げに彼女がその友達と一緒に顔を出したことがきっかけで、付き合い始めたんです」

奈美さんは大学卒業後、雑貨・衣料・家具などを手がける大手小売の店舗スタッフとして就職。吉村さんの役者活動を応援しながら交際は続き、吉村さんの就職を期に同棲をスタート。その2年後に入籍する。吉村さんと奈美さん、ともに28歳の時だ。

「入籍の理由は、奈美が強く子供を望んでいたことでした。僕はそれほど結婚願望も子づくり願望もなかったのですが、奈美は僕が役者と学生の二足のわらじを履いている間もずっと応援してくれていたし……情が湧いたんでしょうね。奈美の期待に応えてやりたくて、結婚にも子づくりにも応じた。でも、それが間違いでした」

奈美さんは男の子を妊娠する。吉村さんの音響エンジニアの仕事も順調。しかし、吉村さんには満たされないものがあった。

「もうすぐ30歳になると考えた時、芝居、これでいいのか？って自問しちゃったんです。このまま子供が生まれて家庭のパパになり、僕は息子に『パパは昔、プロの役者だったんだぞ』と自慢する。そのことにすごく敗北感を抱いてしまった。そんなのは絶対に嫌だ、またちゃんと芝居をやろうと思いました」

吉村さんは休んでいた演劇活動を本格的に再開。まだ舞台に立っている役者仲間や劇団関係者に声をかけ、今度はサラリーマンと二足のわらじを履いて舞台に立たせてもらえるようになった。幸い職場の上司には理解があり、勤務時間の融通はきいた。かつての役者仲間も、吉村さんの復帰を歓迎してくれた。

しかし、ひとりだけ不満を持つ者がいた。奈美さんである。

「僕は猪突猛進型で、一度役者モードにスイッチが入っちゃうと、他のことが一切目に入らなくなってしまうんです。産前産後の奈美のケアも、子供の世話も、まったくやりませんでした。

奈美は僕の役者活動を好ましいものと思ってくれていたし、そう口に出して言ってくれていましたが、そのことと、現実の生活で僕が夫や父の役割を果たしていないのは、別問題です。奈美の不満はどんどん溜まっていきましたが、僕はどうしても役者スイッチをオフにできませんでした」

　こうして、夫婦間の会話はみるみる減っていった。

●"できちゃった婚"のヤンキーでも親をやっている

「ジョイ・ディヴィジョン（※筆者注：1978～80年に活動したイギリスのパンクバンド）は、ボーカルのイアン・カーティスが首吊《くびつ》り自殺したことで知られています。彼は娘が生まれた時、『怖くて抱っこできない』と言っていたそうですけど、僕、それがすごくよくわかるんですよ。

　赤ちゃんって、壊す気がないのに、壊れちゃう生き物じゃないですか。だから僕も、生まれたばかりの息子を積極的に抱っこできなかった。怖くて、です。それが、奈美にとっては愛情の薄さに見えた」

　吉村さんは「赤ちゃんが壊れそうだから抱っこできない」という感覚が、自身が「アスペっぽい」ことに関連しているのではないか――といった意味の言葉を口にした。そこに因果関係があるのかどうか、筆者には判断がつかない。ただ、吉村さんが、度がすぎるほど生真面目で、一度そうと思い込んだらなかなか自分のルールを変えられない人間であるのは、話しぶりからも伝わってくる。

結局、息子さんが2歳になる頃に、ふたりは別居に踏み切る。奈美さんは両親の家の近く、東京都下の某所にアパートを借り、母親の手を借りて育児と会社勤め。一方の吉村さんは23区内のマンションでひとり暮らしをスタートした。

「別居中、週末にひとりで駅前に出ると、明らかに〝できちゃった婚〟ぽい20歳そこそこのヤンキー夫婦が、ベビーカーを押してショッピングモールを歩いてるんですよ。正直、それまでの僕は、〝できちゃった婚的なヤンキー〟のことを〝下の人間〟としてバカにしていたんですが……」

吉村さんは若いベビーカー夫婦の姿を見て、「金槌《かなづち》で頭を殴られたような気分になった」という。

「彼らは自分の身に降りかかってきたことから逃げ出してない。気持ちいいからって生《なま》でセックスして子供ができちゃった——といった、偶発的だけどこの先の人生を決定づけてしまった物事を、ちゃんと引き受けて親になった。僕みたいに、いい年して自己実現とか芝居とか言って、責任から逃れようとしていない。ああ、僕ができなかったのはこれだったんだ、と」

●「父親を放棄するな」

3年ほど別居の末、吉村さんと奈美さんは離婚。吉村さんは現在も養育費を払い続けている。今年、息子さんは9歳になった。

「親子3人でLINEのグループを作っていて、関係は良好です。ただ、息子にはまだ両親が離婚したことをちゃんと伝えていません。息子にとって僕は『△△（吉村さんが住んでいるマンションの最寄り駅名）にいるお父さん』なんです」

離婚直後の吉村さんは、自己実現を優先して家庭づくりを放棄し、幼い息子を抱っこしてやれなかった自分に父親の資格はない……と思い詰めたという。息子さんが成長した時、自分は父に捨てられたんだと悲しむのではないか？　であれば、父親は死んでしまったことにしたほうがよいのではないか？　そう悩んだそうだ。

「でも何かの本で読んだ、ある広島の被爆者の方のお話で考えが変わりました。戦時中、その方の家族のうち、お父さんだけが満州《まんしゅう》にいたそうなんです。その方は被爆して市内を歩き回り、家族の消息を探していたんですが、街のひどいありさまを見て、たぶん家族は皆死んだだろうと思った。だけど満州にいる父だけは生きている。そのことがものすごく救いになった、と綴《つづ》っておられました」

吉村さんは続ける。

「たとえ一緒にいなくても、息子にとっては、この世界に自分と血のつながった父親がいるというだけで、いつか必ず彼の支えになる。だから、お前は絶対に父親の役割を放棄するな。そう言われているような気がしました。どんなにダメな父親であれ、僕は父親の役割を引き受けようと決意したんです」

吉村さんは、定期的に息子さんと会い、今では2人で一緒に旅行することもあるという。

「子供ってすごいなって、息子に会うたびつくづく思います。よく世間で『親の愛情は無条件』みたいなことが言われますけど、あんなのウソですよ。本当に無条件なのは、子が親に向ける愛情です。こんなにひどい父親なのに、この子はこんなに愛情を向けてくる。もう本当に、ありがたいとしか言いようがありません」

かつて〝できちゃった婚のヤンキー〟をバカにしていた吉村さんは、もうそこにいなかった。息子さんだけでなく、吉村さん自身も離婚によって成長したのだ。

Case #06　花田啓司

ビルの気持ちがよくわかる

●カヒミ・カリィ似のインテリ文化系女子に一目惚れ

社員数名の編集プロダクションを経営する花田《はなだ》啓司《けいじ》さん（52歳）は、文学青年がそのまま歳をとった風合いのイッセー尾《お》形《がた》似。32歳の時に情報誌の編集部を辞め、独立起業して現在に至る。

花田さんが、のちの妻・玲子《れいこ》さん（当時20歳）と出会ったのは１９８０年代半ば、19歳の頃。当時アルバイトしていた人文系の出版社で、玲子さんはバイトの先輩だった。

「玲子は文化的素養が図抜けていました。三《み》島《しま》由《ゆ》紀《き》夫《お》も埴谷《はにや》雄《ゆ》高《たか》も読むし、フーコーも浅田《あさだ》彰《あきら》も読む。『ガロ』や大友克洋《おおともかつひろ》などのマンガ、ヌーヴェルヴァーグやアメリカン・ニューシネマといった映画にも詳しい。僕はよくわかりませんでしたが、アングラ演劇にも通じていたようです。

長い黒髪をセンターパートで分けたスリム体型で、笑顔が神々しくて。喫煙がサマになっていましたが、決して下品な感じではなく……。あ、カヒミ・カリィってわかります？ 90年代に彼女が出てきた時、玲子に雰囲気が似てるなあと思いました」

花田さんは玲子さんの文化的・芸術的センスがいかに優れているかを、この調子で20分近くしゃべり続けた。

「後からわかったんですが、玲子はさる高名な海外文学翻訳者の娘だったんです。由緒正しきインテリの血統ですね。都内の高級住宅地に実家のお屋敷があったんですが、彼女は実家に住まず、隣の土地に両親が建てたアパートの部屋に住んでいました」

●7年後の再会

九州《きゅうしゅう》の某県から上京し、それなりに映画には詳しいという自負があった花田青年だったが、玲子さんの〝本物〟ぶりには圧倒されたという。

「僕なんかとうてい太刀《たち》打ちできないほど、玲子の文化的素養は圧倒的でした。読んでいる本も、観ている映画も、そこに費やしてきた思考や語彙《ごい》の量も、段違い。それでいて、決して僕を見下したりしないんです。本だったら、『花田君、○○が好きだったら、きっと△△も好きだと思うよ。今度貸してあげようか？』とかなんとか。

女性として、もちろん恋していましたが、憧《あこが》れや尊敬も同じくらいに抱いてましたね。とにかく、かっこいい存在。ただ、だいぶ歳上の彼氏がいたようなので、僕は最初から諦《あきら》めていました」

玲子さんは大学を卒業して美術系の出版社に編集者として就職。花田さんは1年遅れて別の中堅出版社に就職し、情報誌の編集部に配属された。儀礼的に互いの就職先を知らせあってはいたが、特にやり取りもないまま7年もの歳月が過ぎる。

「あるライターさんが、玲子と僕の共通の知り合いだと判明したんです。当時付き合っていた同じ会社の彼女と別れたばかりだった僕は、同業者の情報交換会という名目で飲み会を主催し、そのライターさんを介して玲子も呼んでもらいました。いやあ、神々しさにさらなる磨きがかかっていましたよ……」

玲子さんが独り身だと知った花田さんは、再会をきっかけに玲子さんへ猛アタック。交際を経て、約2年後に結婚する。花田さん31歳、玲子さん32歳である。

「僕も玲子も蔵書の量がすごかったので、古いけど広めの2LDKのマンションを借り、家中を本棚で埋め尽くしました。あの頃は本当に幸せでしたね。玲子と、本と、映画。結婚にあたっては、自分たちの時間を大切にするために子供は作らないと決めました。

共通の銀行口座も持たないいし、互いの収入も知らない。個人主義的で高踏的《こうとうてき》なカップルであるという自意識に、少し酔っていたんです。90年代当時流行《はや》っていた〝DINKs

(Double Income No Kids)〟というやつですね。玲子も、そういう夫婦のあり方に満足していました」

●子供が欲しいなんて〝言いやがった〟

結婚の2年後、花田さんは編集プロダクションを起業、2人の社員を雇う。

「当時は出版業界の景気がめちゃくちゃ良かったので、いちばん稼いでいる時だと、僕個人の取り分が月に七、八十万はありましたね。ただ、僕は慎重でした。サラリーマンではないから、いつ仕事が激減するかわからない。

ですから収入は上がっても生活レベルは変えず、古いマンションに住み続けました。変わったことと言えば、ミニ・クーパーの中古車を買ったくらい。玲子と、本と、映画に囲まれていて、仕事もちゃんとある。それ以上望むものなんて、なかったんですよ」

玲子さんは30代半ばで別の出版社に転職し、編集者として順調にキャリアを積んでいた。

ところが結婚6年目の冬、夫婦の間に転機が訪れる。

「玲子が、子供が欲しいなんて言いやがったんです」

花田さんは、たしかにそう言った。〝言いやがった〟と。強烈な恨み節だ。

「結婚する時、子供はいらないよねとはっきり確認したのに……。まあある話だとは思います。玲子も38歳になり、いざ出産限界年齢が近づくと、心境が変化したんでしょう」

花田さんがなぜ子供を欲しくないのか、聞いてみた。

「僕と玲子だけなら会社がつぶれようがどうなろうが、身ひとつで生きていけますが、子供がいたらそうはいかないでしょう。クライアントである出版社の担当編集のさじ加減ひとつで、来月から仕事がなくなったりする。僕は出版社にいたから、それがよくわかるんです」

しかし玲子さんの希望は強かった。

「玲子に〝逆レイプ〟されました。いつもは途中でペニスを抜き、ゴムを装着してから挿入し直して射精するところ、ペニスを抜く前に……。あいつ、ものすごい勢いで腰を振ってきて……」

翌年、娘さんが誕生する。

「でも、生まれてきた娘の顔を見たら、理屈ではなく愛情が湧いてきました。うんとかわいがりましたよ」

●あの頃の玲子はどこにもいない

しかし娘さんが成長するにつれ、玲子さんの言動にさらなる変化が訪れた。

「自分たちの将来に不安がたくさんある、といった意味のことを言い出したんですよ。賃貸で家賃を払い続けているけど、家を買ったほうがいいんじゃないの？　あなたの会社はこの先大丈夫？　今からでも出版社勤めに戻れない？　ねえ、私たちどうなるの？　って」

女性が子供を持ったことで母としての使命感や責任感が生じ、安定志向・保守的な考え方になっていくのは、珍しいことではない。しかし、花田さんは受け入れられなかった。

「今さら何を言ってるんだと脱力しましたね。会社がどうなるかなんて、そんなの僕にだってわかりませんよ。クライアントに聞いてくれって話で。終身雇用のサラリーマンが望みなら、そういう人と結婚すればよかったし、編プロ経営がリスキーだと思うなら、なぜ子供を作ろうなんて言い出したのか……」

夫婦仲は目に見えて悪くなっていった。そんななか、花田さんはあることに気づく。

「玲子が僕と結婚したのは、実家への反発だったんです。彼女はちゃんとした血筋に生まれて厳格にしつけられて育ち、アカデミックな親の言う通り、世の中の規範どおりに生きてきた。大学生くらいでそこから逸脱したいと思い始め、少しずつお行儀の良くない〝サブカル〟も自分に取り入れはじめる。美術系出版社の編集職というのは、アカデミズムとサブカルの中間に位置する、ちょうどいい落としどころでした。

玲子と再会した当時の僕は、〝サブカルの権化〟たるカルチャー誌を編集していました。……なんというか、結婚相手としては悪くないと踏んだんでしょう。旧来型の家族形態に囚《とら》われないＤＩＮＫｓというライフスタイルも、親への無言の反発スタンスとしてはうってつけだったと思います」

しかし玲子さんは、その反発を貫徹できなかった。

「親や周囲といった〝世間〟のスタンダードに、見事に吸い込まれました。子供が欲しい、家を買いたい、夫には安定した職業についてほしい。それって、つまりそういうことでしょう。当時、玲子の姉も兄も、子供を作り、家を買っていましたから」

話しながら、花田さんは徐々に悲しげな表情に変わっていく。

「玲子から『本当はもっといい条件の男と付き合えるはずだった』とも言われましたよ。愕《がく》然《ぜん》としましたね」

人生観の決定的な違いに耐えられなくなった花田さんは、離婚を決意する。養育費を支払う覚悟はできていた。しかし、玲子さんは頑《がん》として首を縦に振らない。「あなたのことが好きとか嫌いとかいう問題じゃない。とにかく離婚だけは絶対に認めない」と繰り返した。

「なんのことはない、玲子は実家に出戻るという世間体の悪さ、親に対して顔向けできない羞恥心《しゅうちしん》に耐えられないだけだったんです。バイト先で憧れたカッコいい玲子は、もうどこにもいない。なんてダサいんだろうと、心の底から幻滅しました」

１年弱の泥仕合の末、離婚が成立。２００７年のことだ。花田さん41歳、玲子さん42歳。

以来、花田さんは再婚していない。現在交際している人はいるが、今のところ再婚の予定はないそうだ。

●いつ死んでもいい

娘さんの親権は玲子さんが取った。花田さんは離れて暮らす娘さんにどんな感情を持っているのか。

「そもそも自分の遺伝子を残したのが良かったのか、悪かったのか、よくわからないんです。だって、この先の世の中なんてろくなもんじゃないだろうし、僕は娘がいてくれて嬉《うれ》しいけど、彼女にとって僕の存在が嬉しいかどうかは、わからない。たまに会うと、お金くれって言うんですよ。お金くれるなら会ってもいいよって（笑）。中学生にもなると、わりとドライです。そりゃ、そうですよね」

娘さんは中高一貫の女子校に通っており、習い事や塾を掛け持ちしているため、玲子さんからは毎月かなり高額の養育費請求があるという。

「養育費は僕の存在証明みたいなものです。娘が30歳とか40歳になった時、僕がもう死んでいたとしても、お父さんは無責任に支払いを放棄したりはしなかったと認めてほしいだけ。そういう、いやらしい意識です」

いやらしくはないんじゃないですか、と反射的に言うしかなかった。

「彼女が成人するまでのお金を残してあげられれば、それでいいですよ。僕が死ぬと生命保険が下りてあっちに毎月25万円振り込まれるから、今死んだほうがいいんじゃないかとも思うんですけどね（笑）。なんだったら出版業界だって、もう死んだも同然でしょ。野心的な本なんか作れないし、うちの会社はＷＥＢの記事広告でもってるようなもの。紙が死んだ時点で、僕は死んだんです。今は過去の蓄積でしか仕事してませんから。いつ死んでもいい」

でもそれじゃあ娘さんが……と言いかけると、花田さんは遮《さえぎ》って語気を荒らげた。

「関係ないじゃん。僕、親のことなんか一切愛してないのにさ」

今まで自分の親のことなどまったく話題にあげていなかった花田さんが、唐突に「親」と口にした。

「僕が自分の親を愛してないのに、娘に僕のこと愛せなんて言えないもんね」

最後にこんな質問をしてみた。「もし玲子さんが子供を欲しいと言わなかったら、離婚しませんでしたか？」。花田さんは用意していたかのように、こんな話をした。

「クエンティン・タランティーノ監督の『キル・ビル』って映画観ました？　あれ、どうして暗殺集団のボスであるビルが、元恋人のザ・ブライドを襲撃したか、わかります？

あれは、ザ・ブライドが別の男と結婚しようとしたから嫉妬《しっと》したんじゃないんです。あれほどカッコ良くてお気に入りの殺し屋だったスーパークールな自分の恋人が、すごくつまんない市井《しせい》の主婦になろうとしてたからですよ。ビルはそれが悲しくて、つらくて、見ていられなかった。僕はビルの気持ちが、とてもよくわかるんです」

第2章　妻が浮気に走った理由

Case #07　木島慶

殿方たちのお気に召すまま

●W《ダブル》不倫×2

「妻は僕以外の2人の男と同時に不倫していました。男は2人とも既婚者で、2人とも妻と同じ部署の先輩です。片方の男に至っては、彼の妻も同じ部署。つまり、関係者5人中4人が同じ会社の同じ部署に所属する同僚でした」

短く刈り込まれた頭と太い黒縁メガネ、キャイ～ンの天野《あまの》ひろゆきをもう少しシャープにした印象の木島慶《きじまけい》さん（38歳）は、約8年前の壮絶な修羅場に至るまでの経緯を話しはじめた。

木島さんは都内に本社のある全国紙の新聞記者。ノーネクタイ、糊《のり》のきいた真っ白なワイシャツに皺《しわ》ひとつないジャケット、磨き上げられて光沢がまばゆい革靴。激務だとついおざなりになりがちな髪、ヒゲ、爪の手入れも、完璧《かんぺき》に行き届いている。左手の薬指にはプラチナリング。昨年、再婚したそうだ。

千葉県出身の木島さんは、都内の一流私大に現役合格して進学。そこで、のちに最初の妻となる典子《のりこ》さん（現在37歳）と出会う。

「典子は僕が所属していたマスコミ系サークルに、僕が2年の時に新入生として入ってきました。実家は四国《しこく》の某県で、3人きょうだいの末っ子。お父さんは銀行員で、お母さんは保健師。一家をあげてプロテスタントのクリスチャンで、毎週日曜には家族揃って教会に行っていたそうです」

離婚の3年後にFacebookで偶然見つけたという典子さんの写真を見せてもらった。当時34歳、菅野美穂《かんのみほ》似の美人だ。色白、黒目がち、たっぷりした涙袋。えくぼがチャーミング。柔らかい雰囲気をまとっており、のちにW不倫を2つも同時進行させるような魔性の女性には、とても見えない。

「いや、魔性の女ですよ。写真で見るとこんなもんですけど、動くと魅力が引き立つタイプです」

その言葉の意味は後で判明することになる。

●〝二の矢〟として交際開始

交際アプローチは在学中に木島さんからだったが、ひと目見て恋に落ちて……という感じではなかった。典子さんが1年生の時点では完全にノーチェックだったという。

「僕、ずっと童貞をこじらせていたんです。でも20歳を過ぎてさすがに焦ってきました。2年生の終わりに、サークルで美人と評判だった同級生にアタックしたんですが、玉砕。それで〝二の矢〟として目をつけたのが、サークルの1年後輩である典子だったんです。僕は3年生、典子は2年生になっていました」

〝二の矢〟と木島さんは言った。〝一の矢〟が外れた結果、次に放つ矢のことだ。

「玉砕した直後、はたと周りを見回してみて、典子って結構いいんじゃないか？　と思うようになりました。サークル内で〝かわいいじゃん〟と言われていたのも、僕の気持ちを後押ししましたね」

木島さんは典子さんを美術館や映画に誘い、3ヶ月後にめでたく交際開始。木島さんにとって生涯はじめての彼女だった。木島さんは卒業後、都内の新聞社に就職。北陸《ほくりく》の地方支局に配属されたため、典子さんとは遠距離恋愛状態に。1年遅れて卒業した典子さんは、都内の中堅広告代理店に営業職として入社する。

「遠距離でしたが、月1くらいで会っていたので、さびしくはなかったですね。というか、支局の仕事がめちゃくちゃ忙しかったので、さびしさを感じる余裕もなかったです」

2年後、木島さんは本社勤務を命じられて東京に戻る。典子さんが一人暮らしする部屋の近くに部屋を借りるが、互いの部屋に入り浸ることが多くなったので、木島さんの提案で2007年秋に都心のタワーマンションで同棲《どうせい》をスタート。1年後の2008年末にそのまま結婚した。木島さん28歳、典子さん27歳。……と聞くと、トントン拍子にことが進み、何も問題がないように見える。しかし木島さんは溜《た》め息をついた。

「今思えば、典子は僕と結婚する気なんてなかったと思うんです。典子は、状況にものすごく押し流される女なんですよ。離婚した後で気づいたことですが」

●状況に押し流される女

「状況に押し流される」とはどういうことか。

「典子に交際をアプローチしたのも、デートで行く場所や観る映画を毎回提案したのも、同棲話を持ちかけたのも、結婚を申し込んだのも、全部僕でした。

自分で言うのもなんですが、僕はわりと押しが強くて、相手をロジカルに詰めるタイプなので、彼女が反論する理由を漏れなく潰《つぶ》していった。その結果、彼女はすべてを承諾せざるをえなかったのかもしれないなと。いま振り返ると、そんなふうにも思えるんです」

驚くべきことに、木島さんと典子さんとの間には、交際から不倫が発覚するまでの約9年間、一度もケンカがなかったという。

「典子は、自分の我《が》を通すために積極的に行動するということがないんです。誰かと意見衝突して揉《も》めるなんてことが、そもそも起こらない。休みの日に行く場所や観たい映画や食べたいもので意見がぶつかることも、まったくなかったです」

仕事面にも彼女の資質は現れていた。ただし、ネガティブな意味で。

「大学時代、典子は広告代理店のコピーライター志望だったんですが、就職活動では希望が通らず、代理店ではあっても営業職で就職したんです。入社後しばらくして、典子が仕事内容について僕に愚痴を言ってきました。だから僕は『コピーライターの仕事にこだわったほうがいいんじゃないのかな』と言って、社内異動のためにできることはないか、転職を考えてみてはどうだろう、などと色々提案してみたんです。

でも典子は一向に動こうとしない。生活・人生の全般において、多少の不満があっても自分から環境を変えようとはしない。そういう人なんですよ」

プロポーズや結婚式の時もそうだった。

「何かの記念日にちょっといいレストランでプロポーズしたんですが、僕の申し出に対して典子は、驚くでも、歓喜するでも、感動して涙を浮かべるでもなく、わりと素っ気なく『うん』とだけ応答しました。

結婚式のウエディングドレスを決める時も、全然こだわりがなかったですね。彼女の実家のお母さんが、共済会で安く借りられるからと薦めてきたドレスが異常に安っぽくて僕は辟《へき》易《えき》したんですが、典子はそれでいい、と。びっくりしました」

すべてにおいて、異常なほど受け身姿勢の典子さん。しかし、と木島さんは言う。

「こうやって話すと、あらゆる局面で僕や周囲が典子の意思を無視して強引にことを進め、典子が渋々同意していた、典子の人権を無視していた——みたいに聞こえると思うんですが、全然そうじゃないんです。

これ、説明が難しいんですけど……典子は僕に、いや、僕だけじゃなくいろんな人に『乗り気じゃなさそうだけど、大丈夫かな？』みたいな不安を一切抱かせない、天性の能力を持っているんです。相手にすごく合わせられる。相手の期待に100パーセント応《こた》えられて、それでいて相手に罪悪感を抱かせない。そういう能力が卓越しているんです」

自己主張せず、相手の求めには気持ちよく応じる。来るものは拒まない。それでいて、相手を背徳的な気分にはさせない。少しずつ、典子さんが不倫に至るヒントが見えてきた。

●洗濯機と蛇口がつながっていない

時計の針を少し戻そう。木島さんが本社勤務を命じられて東京に戻り、典子さんのマンションへ頻繁に行くようになってから、いくつかおかしなことに気づいたという。

「洗濯機と蛇口がつながっていないんです。普通、壁から出た蛇口と洗濯機はホースでつながっているじゃないですか。でもホースがない。じゃあどうするかというと、洗濯機のスイッチをオンにして洗濯槽のフタを開け、同時に蛇口から水を出して洗濯槽に水を溜めて洗う。そうすると、なんとなく脱水までいくんです」

聞いていて、頭にいくつもの疑問符が浮かんだ。面倒くさいから、つながない……のだとしても、洗濯ごとにいちいち蛇口をひねるほうがよっぽど面倒だ。しかし典子さんは一人暮らしの間、それでずっと通したという。「多少の不満があっても自分から環境を変えようとはしない」の行動原理が徹底されている。典子さんにとって「ホースをつなぐ」は、ものすごく面倒くさい「環境を変える」ための大仕事なのだ。

「典子の部屋に掃除機があったんですけど、長らく使った形跡がない。調べてみると、吸ったゴミが中の紙パックに目一杯詰まっていました。聞くと、掃除機を買ってから紙パックを一度も交換していないって言うんです」

その掃除機に合った替えの紙パックを買い、交換する。典子さんはそれをしない。否《いな》、できない。掃除機が使えなくて多少不便でも、大きくは困らないからだ。これも「多少の不満があっても自分から環境を変えようとはしない」だ。

「典子は料理も一切しません。すべて外食か、すぐ食べられるものを買って食べていたようです。だから冷蔵庫は『新世紀エヴァンゲリオン』の綾波《あやなみ》レイの冷蔵庫みたいでした（笑）。長らく使ってない調味料くらいしか入っていないんです」

なんと、部屋にはカーテンがなかったという。

「布みたいなものが部屋の隅に置いてあって、カーテン替わりに使おうとしたけど諦《あきら》めたみたいです。枕カバーもなし。しっかり汗ジミがついていました。あと、洋服を満足に畳めないみたいで、洗ったものが適当に置いてありましたね。洗濯機がああですから、下着をまともに洗っていたかどうか怪しいです。ただ、あまり汗をかかない人みたいで、臭《くさ》いと思ったことはありません」

次々出てくる奇行エピソード。しかし典子さんは決して身なりに無頓着《むとんちゃく》ではなかった。

「服はいつもＶＩＡ ＢＵＳ ＳＴＯＰ（ヴィアバスストップ）という、海外デザイナーズブランドを集める高級セレクトショップで買っていましたし、化粧品はシャネル、カバンも10万円は下らないもの。こまめに美容サロンにも行っていたし、髪の毛もきちんとしていて、ちゃんとお金をかけていました。学生時代も社会人になってからも、周囲では〝オシャレでセンスのいい子〟で通っていたと思います」

●「私は不倫しています」

美人でセンスよく着飾った外見からは想像できない、危うい生活基盤と乱れた生活習慣。木島さんは同棲するにあたって、不安はなかったのか。

「深刻には考えていませんでした。掃除も洗濯も料理も僕がやればいいと思っていたし、現にタワマンに引っ越した後も全部僕がやっていましたから。家事配分が不公平だと腹が立ったこと？　まったくありません。それに怒る意味がわからない」

木島さんの結婚観が見えてきた。

「それぞれ独立した大人なんだから、週末以外は自由にしていればいいじゃないという結婚観でした。掃除も洗濯も料理も、やりたい方がやりたいタイミングでやればいい。互いにどれくらい収入があるかの話もしませんでしたし、貯蓄計画も立てていませんでした。子供を欲しいという願望が僕になかったので、そんな話も出ず。もちろん彼女からも出ません」

独立した夫婦関係ゆえ、仕事で終電を逃しても、互いに連絡することはなかったという。

「典子からいつ帰るかなんて、一度も聞かれたことはありませんでした。というか、『帰るコール』が義務化されるなんて、うざいにもほどがある。だから気楽でいい夫婦関係だと思っていましたよ。それに週末はちゃんとベタベタしていたから、夫婦関係が冷え込んでいるとは感じていませんでしたね。もちろん、僕に浮気心はゼロでした」

全国紙の新聞記者と広告代理店勤務のダブルインカム、都心のタワマン住まいで子供なし。ケンカは皆無。夫《おっと》は多忙だが週末は仲良し。ふたりとも若い20代。ほころびの一端も見えない。しかし結婚から2年後の２０１０年秋、木島さんの携帯電話に謎のメールが届く。

「『私は不倫しています』というメッセージが届いたんです。差出人は典子でしたが、いたずらだと思いました。昼間に典子から、携帯を落としちゃったと聞いていたので。当時典子はまだガラケーだったので指紋ロック機能はありませんから、拾った奴がたちの悪いいたずらをしてるんだろうなと」

●不倫関係者5人中4人が職場の同僚

ところがその日の夜、いつもは遅くとも夜10時前には帰宅する典子さんが、終電の時間が過ぎても帰ってこない。

「結局、帰ってきたのは午前2時前かな。今日はどうしたのと聞くと、ものの10分か15分ですべて白状しましたよ。他に付き合っている人が2人いる。そのうちのひとりが、もうひとり不倫相手がいることに逆上して典子から携帯を取り上げ、アドレス帳に入っている宛先に片っ端から暴露メールを出しまくった。そのひとりが夫である僕だったと」

妻が同時に2人の男と不倫。それだけでも尋常ではないのに、さらに驚くべき事実が判明する。

「不倫相手の2人をA夫、B夫としましょう。A夫、B夫は2人とも典子と同じ部署の先輩社員だというんです。暴露メールを送ってきたのがA夫で、A夫の奥さんは大手出版社の編集者。子供はいない。B夫には子供がいるんですけど、これまた驚くべきことに、B夫の奥さんは、典子・A夫・B夫と同じ部署。つまり不倫関係者5人中4人が、同じ部署の同僚なんです。笑うでしょ」

にわかには信じがたい話だが、実は筆者はこの話を、この代理店に勤めている別の知り合いから数年前に聞いたことがあった。同社の営業部では、毎年新入社員に対して先輩社員が酒席で、「かつて部署内でひどい不倫騒動があったので、お前らは気をつけろ」と釘《くぎ》を刺してくるのが恒例になっているというのだ。取材中にその話が目の前にいる木島さんのことであるとわかり、世間は狭いと感じ入った。

「A夫はなんというか、僕の理解の範囲外にいる人です。暴露メールなんかばらまいて大事《おおごと》にしたら、自分の立場も危うくなるはずなのに。そういうことまで考えない。後で調べたら、彼は飯田橋《いいだばし》のマンションに奥さんと暮らしているんですが、それ以外で芝《しば》公園に1LDKの部屋を自分用に持っていました。要は〝ヤリ部屋〟ですね。典子もそこに通っていたでしょうし、典子以外にも女がいたと思います」

●なぜか妻を責めない夫

典子さんの自白を受けた木島さんは、実に冷静な〝対処〟を指示する。典子さんにはこう言ったそうだ。

「僕と結婚を続けるのかどうかはさておき、社内不倫は絶対NGなんだから、もし既に会社の人にバレてしまっているんだとしたら、A夫とB夫に無理やり関係を迫られたというシナリオを作らなきゃだめだ。自分には一切非がないと、周囲の人たちに印象づけろ。

会社のセクハラ相談窓口に早急に話をして、職場の先輩に関係を迫られていると言うべきだ。変な噂が立っているけど、肉体関係はないと否定したうえで、あることないこと言われていて困っていると主張しろ。

こういう時は女のほうが絶対有利なんだから。君が職場にいられなくなるのはまずい。相手のほうがいられなくなるよう、仕向けなければいけない」

少々面食らった。双方合意の不倫だと典子さんが自白しているにもかかわらず、木島さんは典子さんに「虚偽のセクハラ告発をしろ」と促しているのだ。それっていいんですか？

と聞くと、木島さんは何が悪いのかという表情で平然と返してきた。

「当事者間の問題ですからね。本人さえ認めなきゃ、そんなの藪《やぶ》の中ですよ」

素直に呑《の》み込めない理屈ではあったが、木島さんの話を聞いていてもっと不可解なことがあった。自白した典子さんに対する木島さんの感情が、ここまで一切説明されないのだ。その点を木島さんにぶつけると、その時は、感情をあらわにして責めたり理由を尋ねたりはしなかったという。配偶者からひどい浮気話を聞いて、怒りも悲しみもせず、淡々と To Do だけを述べることなど、本当にできるのだろうか？

「その時点ではまだ典子との関係を疑っていなかったんです。これが夫婦の危機というものか、こういうこともあるだろう、水に流せばいいやと。鷹揚《おうよう》に構えていました」

本当に？　と聞き返すと、少し間を置いて木島さんはつぶやいた。

「怒りとか悲しみの感情を……もしかしたら先送りにしていたのかもしれませんね、僕は。自己防衛本能、として」

木島さんはA夫、B夫それぞれと話をつけるべく、典子さんを介して2人を呼び出すことにした。深夜の自白の翌日、場所は芝公園のセレスティンホテルにA夫、溜池山王《ためいけさんのう》のANAインターコンチネンタルホテル東京にB夫。いずれもラウンジにて。典子さんも同席した。

「B夫は平謝りで、その場で僕に土下座しました。A夫からは『お前の奥さんがこうなったのは、お前の責任でもある。でも俺も悪いから、今回は引き下がるよ』と言われました」

ところが、これで一件落着かと思いきや、典子さんはふたりの男と関係を切らなかった。

●妻がはじめて反抗する

「不倫相手を呼び出した一件の数日後に、また典子が深夜に帰宅したんです。理由を問い詰めると、A夫と会って話していたと。話すことなんてあるの？　と詰め寄っても、答えを避ける。そこではじめて、典子に対して不信感を抱きました。同時に僕は、A夫とB夫には〝しかるべき罰〟を与えるべきだと考えるようになったんです」

木島さんはA夫、B夫に賠償請求すべく、典子さんを窓口にして改めて話し合いの場を設けようとしたが、いくら言っても典子さんは動いてくれない。

「典子に対する不信感が最高潮に達した僕は、典子が寝ている時に彼女の携帯を盗み見したんです。脇が甘くてロックをかけてなかったんですよ。キャリアメールには何もなかったですが、Gメールの送受信履歴を見たら、やっぱりA夫、B夫とやり取りしてた。『携帯メールだとバレちゃうからGメールで送るね』、ってご丁寧に」

B夫はともかく、A夫とのやり取り内容はショッキングなものだった。

「セックス中の動画を撮られていて、ばらまいてやると言われてるんですよ。ただ、それだけ聞くと脅迫なんですが、なんだか典子も焦っていないというか、全体にA夫と典子がじゃれ合っているようにも読めました。何月何日に俺んとこ来い、みたいな求めに、典子も嬉々《きき》として応じている。すごく腹が立ちました」

木島さんは寝ている典子さんを起こし、典子さんの携帯を手にしたまま、今すぐA夫に関係を終わらせるメールを出せと告げた。すると典子さんは、今までの9年間で見せたことのない、断固たる意思表示をしたという。明確かつ積極的に、木島さんの指示を拒否したのだ。

「どういうつもりなのと聞いたら、A夫と関係を続けるつもりはないけど、今は別れられないと言う。めちゃくちゃです。なので、僕が代わりに典子の携帯でA夫にメールを打とうとしたら、典子が地鳴りのような唸《うな》り声をあげて、猛然と僕の方に襲いかかってきました。そんな典子を見たのは、9年の付き合いではじめてです。僕から携帯を奪い取ろうとする力がものすごく強くて驚きました」

結局その日はメールを送らずじまい。翌日以降、木島さんは悶々《もんもん》とする日々をすごす。やがて不眠に悩まされるようになった。

「急に心臓の鼓動が速くなったりするんです。それで精神科を受診して軽めの睡眠薬をもらったんですが、医者が言うんですよ。来週から週1でカウンセリングにかかりましょう。1年くらいかけてゆっくり治していきましょうね、って。

ああ、これかと思いましたよ。話には聞いていましたが、薬漬けにして治療を引き延ばす常套《じょうとう》手段です。それで僕は思いました。僕が治るのに必要なのは環境を変えることだと。それで離婚を決意しました。自己防衛本能、ですね」

●「全員殺そうかな」

お気づきだろうか。木島さんは、「典子さんとの関係が修復不可能だったから」離婚を決意したのではなく、「自分のメンタルを守るために」離婚を決意した。どちらが正しいとか、どちらが誠実だとかいうことはない。しかし、ここは大事なポイントである。

「このままでは頭がおかしくなると思いました。実際、3人全員を殺そうかなとまで思い詰めたんです。最悪、B夫は許してもいいけど、A夫と典子は殺したいな、とか」

この話をしている時の木島さんの目には、当時の狂気が甦《よみがえ》ったかのような凄《すご》みが宿っていた。しかし「殺しても何も解決しない」と踏みとどまった木島さんは、自分と典子さんの共通の友人である大学時代の友人男性に相談する。

「離婚しようと思うと伝えたら、大爆笑されました。そういうことになると思ってたよ、当時典子ちゃんは、木島以外に付き合ってた男がいっぱいいただろうから。典子ちゃんはモテたからね、と。若いんだし、すぐ別れたほうがいいよと言われました」

木島さんはその足で区役所に離婚届を取りに行き、その友人男性を含む友人2人に署名をもらって典子さんに突きつけた。典子さんは同意し、木島さんの求めに応じてすぐに家を出ていった。その後木島さんは弁護士を立て、典子さん、A夫、B夫に慰謝料を請求。1年ほどかけて希望通りの額を勝ち取った。

「僕はまた結婚したいと思っていたので、再婚相手に見せられる証拠を残したかったんです。前の離婚で自分には一切責任がないという証拠を」

●元妻と現妻、最大の違い

慰謝料係争中に、木島さんのもとに典子さんから手紙が届いた。

「便箋《びんせん》で2枚。こう書かれていました。『私は、あなたに自分のことを理解してもらおうという努力を怠っていました。どうせあなたは私を理解しないだろうと思って、諦めていました』と」

木島さんは典子さんとの関係を、こう総括する。

「典子は、僕みたいなのは最初からタイプじゃなかったんですよ。大学時代に付き合っていたとされる人のことを離婚後に人づてで聞いたんですが、才気走っていて自信満々で、ちょっといっちゃってる規格外の人。A夫のような人です。僕とはまったく違うタイプ。にもかかわらず、僕の求めに応じて交際・結婚したのは、僕の押しが普通の人より強く、かつ彼女が普通の人よりずっと、状況に押し流されるタイプだったからです」

木島さんが典子さんの気質について再三繰り返している「多少の不満があっても自分から環境を変えようとはしない」が思い起こされる。

「典子が水道の蛇口と洗濯機をホースでつながないままマンションで一人暮らしをしていた、って話をしたでしょ？　僕との結婚生活は、まさにあれだったんですよ。ベストな状態ではないけど、当座困るわけじゃないから、ほっといた。それだけです」

木島さんの言葉から、静かなる怒りが伝わってくる。

「典子に言い寄ってくる男が２人いて、彼女としてはどちらも特に断る理由がないから、求めに応じて相手に尽くした。そういう意味では、僕のプロポーズを受けたのも、彼らからの不倫の持ちかけに応じたのも、彼女の中では同じことなんですよ。相手に罪悪感を抱かせることなく期待に精いっぱい応えようとした。ただ、それだけなんです」

最後に不躾《ぶしつけ》な質問をしてみた。今の奥さんが典子さんと一番違う点はどこですか？　木島さんは即答した。

「僕のことを好きだってところ、ですね」

Case #08　森岡賢太郎

完璧なあなた、勝ち組のわたし

●東大出のCEOと社会福祉士の妻

森岡賢太郎《もりおかけんたろう》さん（38歳）はITベンチャー企業のCEOだ。東大に現役で合格、卒業後に外資系の有名コンサルティング会社に3年ほど在籍したのち、友人が起業した現在の会社に合流。資金調達業務で抜群の手腕を発揮し、ほどなくして経営陣に加わった。

輝かしい経歴や重責を担う日々の激務とは裏腹に、森岡さんの顔は優しい小動物系。タレ目で、人懐っこく、誰からも好かれそうな雰囲気に満ちている。長身で細身、無駄を削《そ》ぎ落としたアスリートのような肉体が、ラフに着こなしたパーカーの上からもうかがえる。

実は森岡さん、水泳・自転車・長距離走をこなすトライアスロンの選手、トライアスリートとしてかなりの実力者。国内の大会では結構な好成績を残しているという。

綿密に目標を設定し、自分を律し、黙々と努力し、達成する。経営者としても、トライアスリートとしても、森岡さんはずっと完璧を求めてきた。のちに妻となる真希《まき》さん（現在36

歳）と出会ったのも、トライアスロンが縁。２０１２年のことである。

「大会を通じて知り合ったトレーナーさんが独立開業するということで、そのレセプションに行ったら、受付をやっていたのが真希でした。彼女の本業は社会福祉士なんですが、そのトレーナーさんが真希の地元の同級生だった縁で手伝っていたそうです。受付でＬＩＮＥのアカウント登録したことをきっかけに、個別に連絡を取り合うようになりました」

仮名を「真希」としたのは、森岡さん曰《いわ》く「妻から聞くところによると、高校の時はずっとゴマキ（後藤真希《ごとうまき》）に似ていると言われていた」から。「目が離れていて、どちらかというと派手な顔」だそうだが、真希さんの写真は「全部削除した」とのことで、見ることはできなかった。

「真希と出会うまで知らなかったんですが、社会福祉士は心身面や金銭面でハンディキャップのある人の日常生活を支援する仕事です。真希は、さまざまな事情があって身内に引き取り手がない人に手を差しのべたり、終末医療のアレンジもしていました。ただ、難しいケースをいくつも抱えていて、当時からすごくストレスを溜めていたんです」

当時の真希さんは、東京の某区にある病院に所属していた。

「土地柄、エグい人が多いというか……。病院を転々とする〝反社〟の人に面倒をかけられたりと、とにかく厄介事《やっかいごと》が多い。仕事で疲れたという話をよくＬＩＮＥで送ってきたので律儀に返していたら、真希のほうから急速に距離を詰めてきました」

当時の真希さんが住んでいたのは埼玉県の越谷市《こしがや》。森岡さんは都内で一人暮らし。交際は順調に進んだ。

しかしこの5年後、真希さんは3人の医療関係者と不倫し、家を買うための貯金1000万円を使い込む。

●僕をサポートしてくれる人

「結婚を決意したのは、彼女のコミットレベルがとても高くて、僕をむちゃくちゃサポートしてくれると思ったからです」

コミット。積極的に関わる、責任をもって尽力する、といった意味である。実にベンチャー企業のCEOらしい言い回しだ。

「真希と付き合っていた時、あるトライアスロンの大会に出場して、低体温症で倒れてしまったことがあるんです。低体温症って、肺から血が混じって唾液《だえき》がピンクになるんですよ。意識が朦朧《もうろう》としたまま病院に救急搬送されましたが、もちろん真希に連絡する余裕なんてありません。なのに、真希は病院に駆けつけてくれたんです」

森岡さんの普段のタイムからして、帰りがあまりに遅いと心配した真希さんは大会本部に電話。「参加者の個人情報は家族以外に教えられない」と渋るスタッフに粘り強く交渉し、搬送先の病院を聞き出したのだ。

「休日だったので、運び込まれた病院には研修医しかいなくて……。結論から言うと僕は誤診で死にかけたんです。採血ばかりさせられた挙げ句、結局原因が判明せず、1泊3万円の個室に入院しろと言われました」

そこに真希さんが駆けつける。

「意識がはっきりしない僕の横で、真希がすごい剣幕で研修医を詰め始めました。△△という検査はちゃんとやったのか、患者の希望がないのに個室に入院させるのは厚労省の通達で禁止のはずだ、とか。社会福祉士なので医療関係の知識はあるんです。それで研修医と大げんかをはじめたところ、先生が遅れて登場し、真希が正しいことが判明しました。先生からは謝罪され、僕は適切な処置を受けることができたんです」

森岡さんの命を真希さんが救ったにも等しい。少なくとも、森岡さんはそう感じた。

「この人なら、この先僕がどんなにヤバくなってもきっと助けてくれる。それで結婚を決意しました」

ふたりは2014年に結婚。森岡さん33歳、真希さん31歳のことだ。しかし、結婚して生活を共にしはじめてすぐ、無視できない違和感が森岡さんを襲う。

●共働きなのに毎月25万円超の小遣い

「まず、おかしいと思ったのは家計です。共働きでしたが、家賃、水道光熱費、食費、保険といった生活費は100パーセント僕が出すことになりました。その上で毎月5万円、真希に小遣《こづか》いを渡すんです。真希の年収は額面でだいたい350万円くらい、手取りだと毎月20万ちょいですが、そこに僕からの小遣いが5万円。つまり真希は毎月まるまる25万円以上も好きなことに使えるわけです」

経営者である森岡さんのほうが真希さんより収入が多いので、多く出すのは道理が通っている。にしても、かなりアンバランスと言わざるをえない。なにより、森岡さんがそれに納得していない。

「真希のロジックは、共働きで私は家事もやっているんだから……とのことでしたが、家事は半分以上僕がやっていました。言葉を選ばず言うなら、真希はカネにがめついんです。『コスメ代：◯◯円』などとリストに書き連ねて僕に突きつけ、だからお金が必要なんだと説明してくる。腑《ふ》に落ちませんでしたが、僕の収入からして払えない額ではなかったし、払わないとすごく言い返して来るので、おとなしく払っていました。家庭は円満なほうがいいかと思って」

結婚前の真希さんは、森岡さんに「私はカネのかからない女」と豪語していたそうだ。

「真希のお父さんは中小企業の社長、お母さんは小料理屋を営んでいました。すごく裕福というわけではありませんが、お金に困ったことは一度もなかったようです」

ちなみに、森岡さんに真希さんの学歴を聞いてみたが、「知りません。気にしたこともないです」という答えが返ってきた。

●「1晩で5回イかせる」地獄のノルマ

結婚して2年ほど経った2016年、真希さんは社会福祉士の仕事を辞めたいと言い出す。

「理由はふたつあって、ひとつは妊活に本腰を入れるため。結婚した時から子供が欲しいよねという話はしていたんですが、真希は朝7時半には家を出ますし、僕は毎日のように深夜1時帰宅。土日もたまに出社する。それではなかなか難しいなと。

もうひとつは、真希が仕事でかなりストレスを溜めていたので。5年ほど社会福祉士の仕事を続けて、ある程度のことはやり遂げたという感覚があったみたいです。仕事柄、復職も容易だからと。だから専業主婦になることは僕も賛成しました。これでもう少し僕の家事負担が減るかもしれない、という期待も少しありましたね」

ところが、この妊活がくせ者だった。実は結婚直後から、森岡さんは真希さんとのセックスに閉口気味だったのだ。

「真希はセックスの後に〝評価〟を下すんです。『今日は満足行く水準だった』『ここがダメだった』『もうちょっと頑張ってほしい』。点数評価の時もありました。１００点満点で60点、とか。自分の思う満足を得られないと、ものすごく機嫌が悪くなるんですよ」

真希さんは専業主婦になると、森岡さんに求めるものがさらに大きくなっていった。

「評価による改善命令に加えて、頻度《ひんど》にノルマを課してくるようになりました。理想は毎日です。最低でも、中2日以上は空けてはならない。仕事を辞めて1日じゅう家にいる真希は体力も有り余っているでしょうが、僕はほぼ毎日終電近くまで働いていたので、もう大変で……」

真希さんは専業主婦になっても、家事を多く分担しようとはしなかった。むしろ森岡さんの比率が高くなったという。

「僕は深夜に帰宅するとすぐ洗濯機を回し、真希とセックス。終わったら僕だけが起きて洗濯物を干していました」

これだけでもかなり辛《つら》いが、さらに信じがたいノルマも同時に課せられていた。

「1ラウンドで最低5回、真希をイかせなきゃいけないんです。5回ですよ。それを生業《なりわい》としている職業じゃないのに。それでも、当時はイかせるテクニックをかなり勉強して努力しましたけど、こっちも疲れているし、なかなか思い通りには行かない日もあります。ここらで切り上げようと思って射精すると、『お前が勝手に果てるな』とすごく怒られる。地獄です」

●妻の枕元にこっそり無音のAV

綿密に目標設定し、真面目に努力しても、なかなかうまくいかない。真希さんとのセックスは、東大受験や事業計画やトライアスロンのタイム短縮と勝手が違う。

「頑張っても、頑張っても、頻度が頻度なので、一行為あたりの密度は薄くならざるをえない。すると真希はすかさず察知して言うんですよ。『子作りのために事務的にやってるんじゃないの？』。例のCM風に言うなら、〝結果にコミットしろ〟ってことです。いざ打席に立ったら、ボールをバットに当てるだけじゃ彼女は満足しない。打率は10割が当然、しかも打球は綺麗《きれい》な放物線を描かないと許されない」

激務に加え、妻からの多大なるプレッシャー。森岡さんは衰弱し、ある日まったく勃《た》たなくなってしまった。しかし勃たなければ妻は怒る。困った森岡さんは強硬手段に出た。と言っても、薬ではない。

「ネタみたいな話ですけど、真希の枕元で僕にだけ見えるようにAVを流したんですよよ。寝室の照明をある程度つけている状態で、真希の枕越しにスマホを置き、行為の最中に無音のAVを再生するんです。僕はそれを見て、なんとか勃起《ぼっき》する。もちろん真希には気づかれないように」

地獄を通り越して滑稽《こっけい》ですらあるが、「俺は何をやってるんだ？」と我《われ》に返ったりはしなかったのか。

「完全に判断力がなくなっていました。当時は妻のオーダーに応えることに必死で、冷静に考えられない状態だったんです」

●「子供ができないのは、賢太郎のせい」

セックスに異常なこだわりを見せる真希さん。ただ、これも子作りのためならばまだ理解できる。しかし、必ずしもそうではないのでは？　と森岡さんは疑いだす。

「あんまり辛いから、友達の同世代女性に相談したんです。すると妊活経験のある彼女は言いました。本当に子供を作りたいなら、排卵日の3日前から前日あたりに集中してセックスするものだし、その期間に備えて男のほうを休ませるべき。もちろん定期的にセックスはしたほうがベターだけど、毎日の必要はない。奥さん、本気で子供を作る気あるのかな？　ちょっとおかしいと思う、と」

おかしいと感じても、真希さんの前でそれは通じない。

「頑張れば頑張るほどセックスに苦手意識が生じてしまって、頻度はどんどん落ちていきました。どうしようもないんです。でも真希は容赦なくて、『どうせ今日もやらないんでしょ！』と罵声《ばせい》を飛ばしてくる。せめてもの抵抗として、僕も頑張ってると言い返しても、一歩も譲らない。そのまま冷たい空気が翌日まで続いて、真希がウンザリしながら『結局わたしが歩み寄るのね』みたいな言い方をしてくる。その繰り返しでした」

平日も休日も、朝起きてから眠るまで、真希さんの罵声は続いた。真希さんは家事をほとんどやらないので、日中はとにかく時間がある。その暇をすべて森岡さんへのダメ出しエネルギーに費《つい》やしているようだった。

「『子供ができないのは賢太郎のせい』って、僕の耳元でずっと言い続けるんですよ。反論したいんですが、あまりにも言われ続けると、だんだん反論する気力もなくなってくる。マウントポジションでボコボコに殴られている気分でした。しかも怖いことに、それが続くと最終的には『そうか、やっぱり自分が悪いのかな……』という気になってきちゃうんです」

●いつか、こうならない日が来る

そこまで辛い日々が続いていたのに、なぜ森岡さんは離婚を考えなかったのだろうか。

「ちょっと厳しい状況だなとは思いながらも、いつかこうならない日が来ると思い込んでいたんです。そのためには早く子供を作らなければ……と」

もうひとつ、森岡さんには離婚を阻む精神的な枷《かせ》があった。親御さんだ。

「僕がまだ小さい頃、霞《かすみ》が関《せき》の官僚だった親父と専業主婦だった母親は、僕に『絶対に離婚なんてしちゃだめだ』と言い含めていたんです。どういうシチュエーションで言われたかは忘れましたが、とにかくその言葉がずっと僕の胸に刻まれていました」

ところが、後に森岡さんが離婚することを両親に伝えたところ、信じられない言葉が返ってきたそうだ。

「『なんでもっと早く離婚しなかったんだ』ですよ。絶対に離婚するなって言ったじゃないか、話が違うと抗議しましたが、親もそんなこと言ってないと譲らなくて」

しかも、最初からふたりの結婚には反対だったとまで聞かされた。

「両親によれば、真希の第一印象は最悪だったそうです。たとえば食器を片付ける時、真希は一切動かずに僕が率先して全部やっていたりとか、食事のマナーとか。僕は気にも留めていませんでしたが、親から見るとどういう教育を受けたんだと思うレベルだったと。僕らが帰ったあと、父は母に言ったそうです。『賢太郎がどれだけ我慢できるか、だな』って。それを離婚後に後出しジャンケンで言われても……ねえ」

なぜご両親は、結婚前にそれを伝えなかったのか。

「母はこう言いました。あなたはすごい重圧のなかで仕事をしていて、私やお父さんには思いもつかないことがいっぱいあるでしょう。だから、私たちが真希さんをおかしいと思ったとしても、あなたにとって真希さんが精神的な拠《よ》りどころだというなら、応援するしかなかったのよ」

もしかしたら防げたかもしれない災厄だったのだ。言葉もない。

●「あなたにとって、私はなんなの？」

森岡さんがセックスノルマに苦しめられていた２０１６年末、専業主婦になった真希さんの心が少しずつ壊れていく。

「たまに料理をしては、うまくいかなくて鍋《なべ》ごとシンクにぶちまけたり、洗濯物がうまく畳めなくて床にバンバン叩《たた》きつけたり、やたら物に当たったりするんです」

真希さんは畳み損《そこ》ねた洗濯物を叩きつけた直後、森岡さんに向かってこうつぶやいたという。

「あなたにとって、私はなんなの？」

「さびしかったんだと思います。専業主婦になったはいいけど、家事は元々得意じゃないから、やらない。うまくやれない。僕は毎日のように終電帰り。真希から僕には1日100件くらいLINEのメッセージが届いていました」

真希さんは1日中ヒマを持て余していた。

「やることがないので、NetflixやWOWOWを観たり、Amazonで長いシリーズのマンガを全巻一気買いして読んだりしていたようです。当時、猫を1匹飼っていたんですが、ヒマだからもう1匹飼いたいと言われたので、動物保護団体から身寄りのない猫を引き取りました」

無論、マンガ代も猫代もすべて森岡さんの財布からだ。さらに2017年に入ると、真希さんは森岡さんを〝拘束〟するようになった。

「真希が、週末は何があっても家にいろ、友達と約束するなんてありえない、と言い出しました。最終的には、平日も夕方6時には帰って来いと言われましたが、もし本気でそう思っていたのなら、結婚する相手を間違えていますよね。交際時から僕の働き方は変わってませんし」

森岡さんは反論した。しかし……。

「あなたは経営者なんだから、家からオンラインで会議なりなんなりすればいいじゃないの、と言われました。無茶苦茶ですが、あまり強く言われるので、会社の人に無理を言い、週末にこぼれる経営会議だけはオンラインにしてもらいました」

●増える段ボール箱

並行して、真希さんの行動に不審な点が目立ちはじめる。

「生活費も小遣いも十分すぎるほど渡しているのに、パートをはじめたんです。小学生向けの塾の採点と会計事務所の事務仕事を」

また、森岡さんは家の中に段ボール箱がやたら増えたことに気づく。

「聞くと、メルカリにいらないものを売って断捨離しているんだと。でも、集荷より明らかに受け取っている量のほうが多い。不可解でしたが、あまり聞いてもまた怒られるので、深くは聞きませんでした」

さらに真希さんは「図書館めぐりが趣味になってきた」と口にしはじめた。

「資格を取りたくていろいろな図書館に通っていて、お気に入りの図書館はここなんだと話してくるんですよ。突然どうしたのかなと思いながらも、ふんふん聞いてたんですが、やがてその図書館の近くにワンルームマンションを借りたいと言い出しました。もちろん家賃は僕の負担。理由を聞くと、資格の勉強をするにあたって、家だと集中できないし、図書館だと閉館時間があるからって」

さすがに不自然に思った森岡さんが問い詰めると、感情が高ぶった真希さんは「さびしい」「あなたに不満がある」「これは事実上の別居」と口走った。その場ではやんわり流した森岡さんだったが、2017年5月、事態は急変する。

●猫が教えてくれた妻の不貞

「日曜の深夜、真希が先に寝ていて、僕もそろそろ床に就こうと思っていたら、2匹いる猫のうち、やんちゃなほうの1匹が部屋を暴れまわって、机に置いてあった真希のバッグの中身をひっくり返しちゃったんです」

片付けようとした森岡さんは、カバンからはみ出したプリクラに目がいった。

「プリクラの端っこがちらっと見えて、知らない男と真希が写っていました。とはいえ今どきプリクラですから、元彼との思い出プリクラかなと思って引っ張ったら、台紙ごと出てきたんです。そこには、真希とその男ががっつりキスしているショットもありました。日付は2017年5月。つい最近でした」

それまで真希さんの浮気など一度も疑ったことがなかった森岡さんは、怒るよりも頭が真っ白になってしまったという。しかし、一晩悩んだ森岡さんは冷静さを取り戻す。浮気の現場を押さえるべく、私立探偵にコンタクトを取ったのだ。そして自らも証拠を集めはじめるのだが、そのやり方が実に東大卒らしい。

「真希を1日じゅう、かつ何日間も張り込みすると、莫大《ばくだい》な料金がかかってしまいます。そこで僕は、直近1年間くらいの真希とのLINEのやり取りを分析して、怪しいと思われる曜日と時間帯を絞ったんです。重回帰分析の手法を駆使したら、綺麗に出ましたよ。東大に行っててよかったなと、はじめて思いました（笑）」

　森岡さんは、証拠固めの戦略を「コンサルのプロジェクトのような感じ」と説明したが、決して茶化しているわけではない。そう割り切らないと、感情が持たなかったのだという。

「真希に悟られることなく不倫の証拠を固めていった1ヶ月間は、かなり辛かったですね。ストレスで今より7kgくらい痩《や》せてしまい、五十三、四kgまで落ちたと思います。僕はトライアスロンの大会前に体重を絞るんですが、それよりずっと減っていました。全然お腹が空《す》かないんですよ。常に体温が高くて、頭がぼーっとしてる」

　絞り込んだ曜日と時間帯を探偵に伝えると、すぐに現場を押さえることができた。しかも浮気相手はなんと3人。3人とも医療関係者で、1人は介護士、1人は外科医、もう1人は脳外科医である。とはいえ、以前真希さんが勤務していた病院関係者ではなく、ネット上のコミュニティサークル、もしくは出会い系サイトの類《たぐ》いで知り合った相手のようだった。

「真希の言っていた〝お気に入りの図書館〟の近くに、そのうちの1人の家がありました。

図書館巡りが趣味なんて、真っ赤なウソだったんです」

●マイホーム資金の１０００万円が消えた

森岡さんは家の預金口座を調べた。名義は真希さんだったが、通帳と印鑑は森岡さんが管理していたのだ。

「ATMで久しぶりに記帳したら、１０００万円ほど使い込まれていました。だいたい週１ペースで数十万円が引き出されていたんです」

預金口座は家を購入するためのものだった。

「真希がどうしても家が欲しいと言うのではじめた貯金ですが、僕は賃貸派で、家を買うことには否定的だったんです。今の時代に不動産所有は合理性に欠けるし、なにより隣に変な人が住んでいたら、後悔しても取り返しがつかない。真希は隣人が変な人だった時、絶対に我慢ができない人間なんです。だからやめておこうと言ったんですが、押し切られました。そのカネが使い込まれているとは……」

１０００万円も、いったい何に使ったのか。

「真希の部屋を調べたら、メルカリなどの通販で超高額のブランドものを買い漁《あさ》っていました。たしかに、いらないものを整理して売ってはいたようですが、それで減った以上にブランドものアイテムが増えていたんです。真希には生活費と小遣いを現金で渡していましたが、思い返せば、給料日が近くなると毎月釘を刺されていましたよ。『お金、今日絶対に下ろしてきてよ！』って」

●5股、6股でも、僕は許せた

一方、森岡さんは相談した離婚弁護士から「できれば浮気相手と真希さんとのLINEのやり取りがわかる、スマホ画面のスクリーンショットが欲しい」と言われる。

「真希は複数台のスマホを持っていましたし、全部にロックがかかっていましたから、それは難しいなと思いました。ところが、ある日たまたま真希がコンビニにコーヒーを買いに行った時、洗面所にスマホを忘れていて、しかもロックが解除されていたんです。僕は急いでLINEを立ち上げましたが、それらしきやり取りは見つけられません。でも、ふと何かで読んだ記事を思い出したんです。浮気のやり取りには『カカオトーク』がよく使われるって」

カカオトークは韓国発のメッセンジャーアプリだが、日本では知名度も普及率も低い。それを逆手に取って、浮気相手とのやり取りに使われるというのだ。LINEはメジャーすぎて、万が一浮気を疑われた時、相手が真っ先にチェックする危険がある。

「思った通り、カカオトークがビンゴでした。３人とも１日数十件はメッセージを送り合っていて、しかも１メッセージがめちゃくちゃ長い。僕は急いで画面を自分のスマホで何十枚も撮影しました。すると真希が帰ってきたので、急いで洗面所とつながっている風呂《ふろ》に行き、シャワーを浴びながら撮った写真を改めて読み返したんですが……衝撃でしたね」

メッセージには、「早くこの家から出ていきたい」「もう夫は用なし」「なぜこの人（森岡さん）と一緒にいるのか、わからない」「まもなく一人暮らしをはじめます」といった真希さんの文章がてんこ盛りだった。

「僕は、真希が３股《また》をかけようが４股をかけようが、５股だろうが６股だろうが、つまり浮気だけだったら、たぶん許せたと思います。専業主婦になって心のバランスを崩し、僕と理想的なセックスができなくて不満を溜め、さびしい思いをして別の男に走ったとしても、やり直しようはあると」

でも、と森岡さんは語気を強めた。

「カカオトークの文章を読んですぐ悟りました。ああ、この人はもう、伴侶《はんりょ》が僕じゃなくてもいいんだ、僕になんの未練もないんだと。これまで、事態が好転すると信じて耐えてきた僕は一体なんだったんだろうと、悲しくなりました」

２０１７年６月23日、金曜日の朝。真希さんの浮気に関する証拠をすべて固めた森岡さんは、何食わぬ顔で真希さんに「行ってきます」と言い、家を出た。手には当座ウイークリーマンションで過ごすための生活用具を携《たずさ》えて。

ここから、森岡さんの長い1日がはじまる。

●自分の家宛てに内容証明郵便

「その日のうちに内容証明郵便が真希の手元、つまり僕のマンションに届くよう、弁護士に手配しておきました。こちらは不貞行為をすべて把握している、ついては離婚および慰謝料を請求するとともに、6月30日までに自宅からの退去を求める。そんな内容です」

決行日をこの日に決めたのには、理由があった。

「まず、この日が会社の給料日だったこと。もうこれ以上1円たりとも真希に金を渡したくなかったんです。そして、この日は真希のパートの日で、13時から20時まで真希は動けなかったこと。内容証明郵便を受け取って事態を把握しても、取れる行動を制限することができたんです。彼女がどこかに相談するにしても土日を挟みますから、月曜までは時間が稼げます」

出社した森岡さんは、社員数名を呼び出した。

「真希から僕に電話がかかってくることに備えて、僕宛ての電話を取り次ぐ可能性のある社員に事情を説明しました。もし真希が電凸《でんとつ》（※筆者注：会社への直接電話によって攻勢をかけること。〝電話突撃〟のネットスラング）したり、会社に押しかけたりしてきても、僕は会社にいないと言うようにと」

森岡さんはその日のうちに携帯を解約し、真希さんからの直接連絡を完全にブロック。しばらくの間、会社から１００メートルほどの距離にあるウイークリーマンションに連泊することにした。真希さんがコンタクトを取れるのは、内容証明に連絡先が書かれた森岡さんの担当弁護士だけ。

「予想どおり、真希は弁護士のもとに電話をかけ、大量のメールを送ってきました。その内容は全部転送してもらいましたよ」

メールにはどんなことが書いてあったのか。

「最初のうちは『あなた（弁護士）とは交渉しない。本人としか話さない』といった強硬な内容でした。しかし次第に、わりと事務的なカネの話、財産分与の話を持ちかけてきましたね。うちの会社の株をよこせとか。僕のカネを散々使っておいて、よく言えるなと呆《あき》れましたよ」

しかし月曜には文面のトーンが変わってきたという。

「何千字にも及ぶ直筆の手紙と超長文のメールが弁護士さんの事務所に届いたんです。情に訴えかける泣き落としの内容で、昔は良かったね、出会った頃に戻りたい、後悔しています、帰ってきてほしい、ひとこと言葉を交わしたい、って。もちろん、こちらは直接会う気も話す気もありません。それから1週間もかからず離婚届に署名をもらい、離婚が成立しました」

●猫と金目のものが持ち去られていた

ただ、迷いがゼロだったわけではないという。

「やっぱり情はありましたから。向こうのお父さんとは仲良くしていたし、彼女がさびしがっていたことは事実なので。だから内容証明を出してからの1週間ほど、僕の精神状態はかなり荒れていました。会社で打ち合わせをしていても、突然涙が出てくるんです。打ち合わせ相手には『季節外れの花粉症で』とごまかしていました」

しかし、真希さんの退去期限6月30日の2日後である7月2日、退去が済んだかどうかを確認するためにドアを開けた森岡さんは、離婚が正解だったと確信する。

「まるで……山賊が襲撃したあとのようでした。飼っていた猫と金目のものが綺麗さっぱり持ち去られていたんです。僕の私物も含めて。昔は良かったねとか、出会った頃に戻りたいとか、そんなの全部ウソですよ。ああ、この人はこの先の人生、ずっと同じことを繰り返すんだろうなと思いました」

その後の数日間は「まさにホラーでした」と森岡さんは言う。

「まずは翌7月3日の夜です。真希からマンションのカードキーを返却してもらうためにポストに入れておいてほしいと弁護士を通じて伝えていたんですが、ポストの中にはカードキーと一緒に長い手紙と……婚姻届が入っていました。離婚届じゃありません。婚姻届です。証人欄には真希の両親の名前。僕ともう一度やり直したいということです。背筋が凍りましたね」

●女性と2人で会うのが怖い

翌日の7月4日には、さらなる恐怖が待ち受けていた。

「離婚した僕を励まそうと、友人が飲み会を開いてくれたんですが、深夜の12時半頃にマンションのエントランスに入ると、ロビーに真希が待ち構えていました。住民しか入れないスペースですから、住人の後ろにピッタリくっついて入り、深夜までずっと待ち続けていたんです。通報されたっておかしくない」

真希さんが退去前に弁護士立ち会いのもとサインした契約書によれば、真希さんが森岡さんに直接接触するのは明確な契約違反だった。

「真希の姿が視界に入った僕は、反射的に〝刺される！〟と思いました。とにかく人のいる場所に逃げなきゃと、一目散にマンションの外に逃げ出しましたよ」

「待ってー！」と追いかけてくる真希さん。逃げながら、話に応じる気はないと冷徹に言い放つ森岡さん。森岡さんは弁護士に電話を入れるが、刑事事件ではないので警察は介入できない。やむをえず、森岡さんはマンション前で真希さんと30メートルほどの距離を空け、そこから近づかないようにと真希さんに告げる。

「マンション住民は奇異の目で見ていましたよ。深夜に変な距離を空けて男女が大声で話してるんですから。『やり直せないのー？』『嫌ですー！』って。彼女は自分の不倫を認めていて、僕に落ち度がないのも了解しています。だから『さびしかった』の一点張り」

　しかし、真希さんは金目のものを洗いざらい持ち去っている。森岡さんは真希さんの言葉に何の説得力も感じられない。

「直接接触は契約違反だとはっきり言ったんですが、真希は『契約なんてどうだっていい、法律なんてどうだっていい！』と言い放ちました。あれは白《しら》けましたね。トレンディドラマじゃないんだから……」

　結局、森岡さんは慰謝料満額の５００万円を取ることができた。が、探偵代と弁護士費用ですべて飛び、マンションを引き払って一人暮らしするための引っ越し代分は足が出てしまったという。

「真希との離婚以来、誰と交際しても、ちょっとでも気になるところがあると、すぐダメだと思ってしまうんです。特にお金のことは。直近の彼女からも、誕生日に何が食べたい？と聞かれたので、うなぎと答えたら、露骨に嫌な顔をされました。理由ははっきり言わなかったけど、値段が高いからですよ。その瞬間に別れようと思いました」

仕事以外に女性とふたりで会うのが怖い、という森岡さん。再婚の可能性を聞いてみた。

「再婚ですか。授かり婚以外には、ないでしょうね」

●「私は勝ち組」

離婚の顛末《てんまつ》を一通り話し終えた森岡さんは、改めて真希さんの人柄に言及した。

「結婚後は、ことあるごとに私は勝ち組だと言っていました。自分と他人とを比較して、私のほうが勝っていると」

真希さんはある時森岡さんに、知り合いの女性が夫とチェーンの安居酒屋で割り勘飲みをしていると話してきた。

「真希はその夫婦をバカにしながら、私はそんな店に絶対行かないし、あなたとは一度もそんなことをしなかったし、そもそも割り勘なんてありえないよね、と僕に同意を求めてきたんです。僕は、なんてさもしい人間だろう、そんなこと言わなくていいじゃないかと思ったんですが、言うと怒るので言いませんでした。意見すれば必ず荒れるし、黙っていればとりあえず丸く収まるので」

東大卒でITベンチャー企業のCEO、聡明《そうめい》で仕事ができ、平均的なサラリーマンよりはずっと高い収入を得ている男と結婚した自分。ある価値観に照らし合わせれば、たしかに「勝ち組」だ。

「『私は理想的な男を手に入れた』といった意味のことを、よく口にしていました。多分、外でも言っていたでしょうね。夫、つまり僕はわがままも聞いてくれるし、怒ったりしないし、借金もギャンブルもない、変な酒の飲み方もしないと。彼女にとって僕は完璧な夫に見えたのかもしれません。もちろん、僕自身は自分が完璧だなんて、一度も思ったことはありませんが」

そういえば、真希さんは森岡さんとのセックスに点数をつけ、毎度厳しく〝評価〟を下していた。

「セックスについては、彼女にとっての〝理想〟があるように感じました。その〝理想〟がなんだったかは、最後までわかりませんでしたが……」

理想的な男、点数、評価――。なるほど、セックスの点数「60点」には「達成度6割」以外にもうひとつの意味がある。「あと40点あれば100点、すなわち完璧（理想的）」だ。

足りない40点分を埋めるのは何だったのか。誰だったのか。

●孤独で完璧な走者

一連の離婚プロセスを聞いていると、森岡さんの精神力にはつくづく恐れ入る。稼ぎを搾《さく》取《しゅ》され、セックスを強要され、激しいモラハラ被害に苦しめられて疲弊《ひへい》を極めていたにもかかわらず、相手に悟られることなく秘密裏に不倫の証拠を集め、その間は何食わぬ顔で生活を共にし、一気に畳みかけて、相手を詰めたのだ。証拠集め中に7kgも体重が減った事実が、当時の森岡さんのひどい精神状態を物語る。

しかし、森岡さんは折れなかった。弱音を吐くことも音《ね》を上げることもなく、独力で耐え抜いた。

「官僚だったうちの親父は、どこにも寄り道しないでまっすぐ家に帰り、家で酒を飲みながら職場の愚痴を吐きまくる人間でした。僕はそれがすごく嫌で、何度も家出したんです。僕は親父を反面教師にしていました。社会人になって結婚し、家庭を持っても、仕事の愚痴を家庭に持ち込むのだけは絶対にやめよう。そう心に決めていたんです」

そう話す森岡さんは、過酷が極まる水泳・自転車・長距離走を孤独に、黙々とこなすトライアスリートそのものだ。38歳という年齢、かつ経営者と二足のわらじで、完走するだけでなく好成績を叩き出すには、どれほど自分を律し、追い込み、努力すればいいのだろう。不言実行、鉄の精神力。常人には計り知れない所業である。

「この会社に参加した頃、大変な修羅場をいくつも乗り越えたんです。最初の2、3年は毎日が綱渡りでしたね。それで鍛えられたのかもしれません。君は粘り強い、我慢強いと、うちの幹部からもよく言われます。物理的な痛みにも異常に強いみたいで、爪を割った時に麻酔なしで処置した時は、医者からも『信じられない』と驚かれました」

●「私がいらないくらい、あなたは強い」

最後に、森岡さんは思い出したように付け加えた。

「ああ、そうだ。真希にも言われましたよ。結婚2年目くらいかな。『あなたは、私がいらないくらい強い。強すぎる』って」

真希さんが「さびしい」と幾度も意思表示をしたのは、森岡さんの帰りが遅かったからではなく、森岡さんが辛さや痛みを自分ひとりで耐え抜いてしまえるほど強く、家庭で弱音を吐いてくれなかったからなのだろうか。今となっては、それを確認する術《すべ》もない。

内容証明郵便を受け取った真希さんが森岡さんに宛てた手紙には、「昔は良かったね」と書かれていた。その〝昔〟とは、いつのことだろう。低体温症で命の危険に晒《さら》されていた森岡さんを、真希さんが救った時のことだろうか。森岡さんはその一件で、真希さんとの結婚を決意した。真希さんもまた、そこに運命を感じていたのかもしれない。

私がいなければ、〝完璧〟なあなたはそこで終わっていた。あなたに足りない40点分を埋めて〝完璧〟に仕上げるのは、いったい誰の仕事かしら？

洗濯物がうまく畳めなくて錯乱した真希さんの発した言葉が、ふたたび思い出される。

「あなたにとって、私はなんなの？」

第3章　こわれた伴侶

Case #09　河村仁　×　Case #10　渋井悟

頑張ってもしょうがない

「メンヘラ」。ネットスラングで「心に問題を抱えている人」の意だ。ネット掲示板「2ちゃんねる（現・5ちゃんねる）」の「メンタルヘルス板」によく書き込んでいる人を語源とする。具体的には、情緒不安定、極端なネガティブ思考、近親者への過剰な依存気質や束縛気質、被害妄想など。これらがパートナーへのモラハラや精神的・物理的DVに発展することも少なくない。

そんな「メンヘラの女性」と結婚して長期間にわたる激しいモラハラや精神的DVを受け、疲弊《ひへい》を極めて離婚を余儀なくされたのが、河村仁《かわむらじん》さん（43歳）と渋井悟《しぶいさとる》さん（36歳）だ。河村さんは映像配信を営む会社に勤務。その河村さんが前職で仕事を発注していたのが、イラストレーター・マンガ家の渋井さんである。

河村さんも渋井さんも「柔和《にゅうわ》」を絵に描いたような男性だ。河村さんは大柄、渋井さんは小柄と対照的だが、ふたりとも色白で、優しい語り口に優しい目元。人当たりがよく、気配りができて、嫌味なく弁が立つ。ボキャブラリーが豊富で、知性や教養を感じさせる落ち着いたたたずまい。壮絶な離婚劇を経験したようには、とても見えない。

筆者は当初、河村さんに話を聞かせてほしいと連絡をとったが、難色を示されてしまった。離婚した時期や詳細経緯、具体的なエピソードを事細かに話せば、（相応に固有名詞などを改変するとはいえ）それを読んだ元妻や共通の知り合いに絶対にバレてしまうからだという。

しかし、何往復かのやり取りをしているうち、河村さんはこんなことを言ってきた。

「僕の知り合いもメンヘラ妻に苦しめられて離婚したんですが、驚くほど元妻同士の共通点が多いんですよ」

その知り合いというのが渋井さんだ。

気安く話せる渋井さんと会話することで、「メンヘラ妻」の傾向や対策を挙げていくことならできる。それが河村さんからの提案だった。

●「罪を憎んで人を憎まず」は無理

――結婚生活は河村さんが5年、渋井さんが3年半ですね。その間の元妻さんは、病院にかかるほどの「メンヘラ」だったんですか？

河村　そうですね。私と出会う前から断続的に通院していて、薬も処方されていたようです。カウンセラーにもかかっていました。通院していることや、性格に偏《かたよ》りがあることは承知のうえで同棲《どうせい》に踏み切ったつもりですが、実際に生活を共にしてみると、想像以上に手に負えなくて……。日常的なモラハラがひどくなって、最終的には私も心療内科に通院する羽目になりました。

渋井　私も離婚直前は心療内科とカウンセリングに通いました。逆に元妻のほうは、結婚中も、おそらく過去も、一度もメンタル系の病院にはかかっていませんでしたね。ただ、心療内科の先生に元妻からの仕打ちを細かく伝えたら、おそらく◯◯◯ですねと、ある病名を即答されました。「あなたの身が危険なので、すぐに彼女と物理的な距離を取ってください」って。そうだ、元妻の病名や診断結果を言うのはナシにしませんか？

河村　賛成です。病名を言うことで、その病気のイメージを固定したくないし、その症状で苦しんでいる人たちを糾弾したいわけでもないので。

渋井　あくまで我々の元妻が、我々にとってどう辛《つら》い存在だったか、という話ですからね。

河村　それと、これも先に言っておきたいんですが、我々は基本的に「逃げた」男たちなので、自分たちを過剰に正当化するつもりはありません。

——正当化とは?

渋井　彼女たちの〝生きづらさ〟に最後まで付き合ってあげられなかった我々は、「音《ね》を上げて逃げた男」ですからね。

河村　これは身内にメンタルを病んだ方がいない人に伝えるのがすごく難しいんですが、「病気自体を糾弾する気も、元妻の人格を否定する気もない。苦しんでいる彼女を気の毒だと思うし、彼女の人生は良いものであってほしい。だけど、この先の人生を共にするのは無理です」ということです。

渋井　「罪を憎んで人を憎まず」ができるのは、聖人だけですよ。

河村　いくら彼女が〝生きづらい〟から気の毒な人間なのだとしても、現に僕は毎日、朝起きてから夜布団に入るまで、彼女の握ったナイフが土手っ腹にズブズブと押し込まれているような気分で生きていました。その痛みに耐えられなかったから逃げたんです。世の中にはもっと痛みをこらえられる人がいるかもしれませんが、僕には無理でした。ヘタレと言ってくれて結構。それが「正当化するつもりはない」の意味です。

渋井　結婚式の「誓いの言葉」ってあるじゃないですか。

——「健やかなるときも、病めるときも、喜びのときも、悲しみのときも、富めるときも、貧しいときも、これを愛し、これを敬い、これを慰め、これを助け、その命ある限り、真心を尽くすことを誓いますか?」ですね。

渋井　その「病める」にもね、限度があるんです。

メンヘラ妻の傾向①　ささいなことで傷つく

――おふたりの元妻さんは、どんなふうに「病める」人だったんですか。

渋井　「こんなことで?」ということで、尋常でなく傷つくんです。まだ付き合いたての頃のデート中、化粧品メーカーの屋外看板に有名女優が大写しだったので、特に意味もなく「綺麗《きれい》な人だね」って口にしたら、突然黙りこんでしまいました。その後は何を言っても、「うん」「わかった」しか言わない。映画館に行く途中だったんですが、お通夜みたいにサーっとした空気が2人の間に漂って……。

河村　「永遠とも思えるような長い時間」が流れますよね。よくわかります。

渋井　とりあえず映画館に到着してチケットを買ったら、トイレに行くと言ったきり戻ってこない。LINEしても電話しても返事がなくて、映画もはじまってしまった。途方に暮れていると、20分後くらいにLINEが来て「帰る。映画終わったら連絡して」。すぐに5回くらい電話したらやっとつながったので、謝り倒してようやく機嫌が戻りました。もちろん映画は観られずじまい。

河村　まさかと思うところに罠《わな》と地雷がありますよね。僕も付き合いたての頃、女性アイドルグループの集合写真を見せられて、「この中の誰がいちばんかわいい？」って聞かれたんです。特に興味のないグループでしたが、目についたひとりを指して、「この子かなあ……」って言ったら、みるみるうちに表情が曇って、「ふーん……」って言ったきり、沈黙。睨《にら》むような軽蔑《けいべつ》の目線をこちらに向けていました。

渋井　そう、「みるみるうちに」っていう表現がぴったり。数十秒で顔色がものすごく悪くなるんですよね。

河村　当時は本当にわけがわからず、焦って「どうしたの？　どうしたの？」って何回も聞きましたが、「別に」しか言わない。15分くらいしつこく聞き続けてると、「わかんない？　ほんとにわかんないのっ⁉」と激昂《げきこう》して、泣き出しました。「聞いたから答えただけで、深い意味はないんだよ」「無論、一番かわいいのは君だよ」と何度言っても許してくれない。

渋井　選べと言ったのは向こうなのに。正解がわからないんですよね。最終的に必ず怒ってくる。

河村　泣き叫ぶ彼女に「愛してるのは君だけだよ」と大声で繰り返して、最後は結局、土下座しました。

――その程度で土下座？

河村　結婚中は何度もしましたよ。マンションの外廊下でやったこともあります。夫婦で僕の実家の法事に出るため1泊で帰省することがあったんですが、出発の前日になって「なんで私が貴重な休みを使って、あなたの実家に行かなきゃいけないんだ！」と怒りだしたんです。

ただ、僕は事前に「僕だけ参加でも構わない。遠いし、両親たちも気にしないから」と伝えていました。でも「そんなことできるわけないでしょう！　ダメな嫁だと思われるのは私なんだからね」と一喝されたので、ふたりで行くことになったんです。なのに前日になって、癇癪《かんしゃく》を起こしてしまった。

「君が苦痛を負うことは、すごく申し訳ないと思ってる」と謝り倒したんですが、気持ちを収めてくれない。そうこうしているうちに「明日は実家にひとりで行って。私はしばらくマンガ喫茶に泊まる」と言い出し、手早く荷物をまとめて出て行こうとするんです。

渋井　「出ていく」は常套《じょうとう》手段ですよね。必ず宣言してからで、こっそりは出ていかない。

河村　両親や親戚《しんせき》にはふたりで帰省すると伝えているし、僕ら夫婦に会えるのを楽しみにしている叔父《おじ》や叔母《おば》もいる。まずいと思い、妻を追いかけました。マンションの外廊下で、「ちょっと待って」と手を握ったら、「やめてよ！　離せよ!!」って、すごい大声を出すんです。ほとんど錯乱ですよ。変質者の腕を振り払うような感じで僕を振り払ってね。あまりの大声に、同じ階の住人が何事かとドアを開けていました。

僕は頭が真っ白になって、早くなんとかしないという思いから、とっさにその場で土下座しました。「お願いだから許してください。お願いします、お願いします。僕が悪かった。お願いします、お願いします……」。バカみたいに連呼して、真夏で熱を帯びたタイル材の廊下におでこをゴリゴリこすりつけました。

結局家には戻ってくれましたが、あのおでこの感触は、たぶん一生忘れません。人間として大事なものを失くしてしまった気がします。たまに思い出すんですけど、わりと本気で気分が悪くなるんですよ。

――理不尽に謝ったりしないで、怒りが収まるまで放置しておくことはできなかったんですか？

河村　ダメです。激昂している彼女をなだめようとせず放っておくと、自傷行為でアピールしてくるので。リストカットまではいきませんが、僕の見ている前で、キッチン台に自分の頭をガンガンぶつけたり、スリッパで自分の顔を勢いよくはたいたり、テレビのリモコンで自分の胸を何度も激しく突いたりするんです。結婚して最初の頃にそれをやられて怖くなったので、全力で機嫌を取りにいく必要があると痛感しました。

渋井　うちは自傷に向かわず、僕の嫌がることを直接的にやってきました。僕のCDを何百枚も玄関のたたきに放り出したり、僕のゲーム機や周辺機器を半透明ゴミ袋に入れてマンションドアの外に出したり。僕のTシャツを何枚かくしゃくしゃに丸めて、バルコニーのプランターの上に野ざらしで置かれたこともあります。雨が降っていたので、土まみれのドロドロになりましたよ。

河村　完全に破壊したり捨てたりはしない。つまり本当に取り返しのつかないことはしない。うちの元妻が本当にリストカットはしないのと一緒ですね。相手を困らせるため、相手の心を自分に向けさせるため、相手の心を自分に〝費《つい》やさせる〟ためにやっている。

渋井　本当はデーンと構えていればいいんだけど、僕も河村さんもそれができない。

河村　器が小さいし、肝が据わっていないから（笑）。

渋井　相手の激しい感情に振り回された挙げ句、焦って、慌てて、場を収めようとしてしまう。それで土下座でもなんでもする。結果、相手に精神的な主導権を握られる。

河村　冷静に考えれば、その程度のことでここまで激怒するなんておかしいんですが、さっきの女性アイドルグループの写真の話だと、「女の子はデリケートな生き物。嫉妬《しっと》深くて、ちょっとしたことで傷つく」という、どこかで聞いた知識を生半可に認識してるもんだから、そうか、僕が無神経だったとすぐ反省してしまう。

――それにしても、「罪に対する罰」が重すぎませんか。

渋井　僕の場合、最初の頃は頭が恋愛モードになっちゃってたんですよ。「こんなに傷つくということは、僕のことをすごく好きなんだな」と解釈しちゃう。今まで出会ってきた女性たちとは違う、この関係は特別なものなんだと、ポジティブな価値を見出《みいだ》そうとしてしまう。彼女自身の魅力というより、関係性の特別感に萌《も》えた、というか。結果、その「特別感」をキープするために、苦しくても頑張ってしまう。

河村　僕も渋井さんも「頑張り屋」なんですよ。それが仇《あだ》になった。早めに音を上げていれば傷は浅かったのに、頑張ったぶんだけ余計に苦しみを味わいましたよね。

メンヘラ妻の傾向②　急に感情が変化する

渋井　法事の件もそうですけど、同じことに対して昨日抱いていた感情と今日抱いてる感情が１８０度違うこと、頻繁にありませんでした？

河村　ありましたね。僕の場合、自分たちの結婚式がそうでした。もともとふたりとも結婚式を挙げる気はなかったんですが、彼女の祖母のたっての希望で、やることになった。でもそこからが大変で。「せっかくやるんだから、いい結婚式にしようね」とウキウキしていたかと思えば、翌日は「私は結婚式なんてやりたくなかった。お金の無駄でしかない。どうして反対してくれなかったの！」と僕を責める。

衣装合わせをした日も、選んでる時はまあまあ上機嫌だったのに、その日の寝る前になって突然「あんな道化みたいなのを着たら私は笑いものだ。結婚式をやめたい」って絶望的な表情で泣きながら、僕をなじる。これが結婚式までの半年間、ずっと続きました。

渋井　今日の夕食、週末にしたいこと、どの保険に加入するか、上司や友人の評価、仕事観――小さいことから大きいことまで、毎日のように意見や感情がころころ変わる。僕はその都度「そうだね、その通りだよ。そうしたほうがいい。君が正しい！」と全肯定するんですが、翌日どころか数分後には真逆のことを言っている時もあるので、一分一秒たりとも気が抜けません。その変化に気づけず、その瞬間の彼女の考えと違うことを言うと「私の気持ちを全然わかってない！」って激ギレするので。

河村　だから、常に彼女の顔色をうかがう毎日になる。

渋井　週末の予定は基本的に土曜の朝にしか立てられないんです。彼女の気分が土曜の朝にどうなっているかによってしか、決められない。映画を観に行くことになっていても、起きた時の表情が曇っていたら、こちらから気を回して「今日はやめようか」と提案する。無理に出かけると、外出先で必ず大変なことになりますから。「私は映画なんて全然観たくなかったのに、無理に連れてこられた」って。それで映画がつまんないと、その後の食事もずっと僕を憎むような目で見る。針のむしろですよ。

――出かけるときに「今日はやっぱり行きたくない」というはっきりした意思表示はないんですか。

渋井　ないです。基本、後出しジャンケンなので。彼女の気分を読み違えたら、全部僕の責任です。

河村　ただ、うちの場合、彼女自身も自分の感情をコントロールできていなくて、明らかに困惑していたし、苦しんでいました。激しすぎる感情の変化に、自分で疲れてしまっている。だから気の毒だとは思うんですが、その目まぐるしい変化に僕が一から百まで全部付き合わなければならないのは、やっぱりつらい。

それに、これは離婚原因の最後のひと押しになった気づきなんですが、彼女の感情に対して律儀に寄り添い続ける限り、僕は自分の未来の予定が何ひとつ立てられない。人生設計ができないなと。

渋井　突然怒りだす理由は、昔あったことや嫌だった経験をずっと根に持っていて、何かのきっかけで思い出しちゃうからですよね。いきなり何ヶ月も前、何年も前のことを持ち出して、「あの時、なんであんなひどいこと言ったの」と詰めてくる。どんなケンカの時も、過去の僕の言動を自在に引っ張り出してくる。

河村　男女の性差を記した本には「女性は過去を持ち出して責めてくる」と書いてあるんですけど、限度ってものがあるでしょう。僕は、ある小説の登場人物の気持ちについて、元妻と意見が割れたことがありました。たいした話じゃありません。ところが、その3年以上後のケンカの最中に突然持ち出されて、責められました。「あの小説でも、あなたは登場人物の気持ちを理解していなかった。結局、あなたは他人の気持ちがわからない人なんだ」って。

渋井　しかもいつの間にか、その小説の解釈は自分が正しいことになってしまっていますね。ちなみにケンカの原因は？

河村　彼女の妹さんに子供がいるんですが、お姉ちゃんも作ったらと言われて傷ついたらしいんですよ。うちは彼女の強い希望で当座子供をつくらないと決めていたので、「気にしなくてもいいいじゃない」と軽く言ったら、「私のほうが妹よりずっと真面目に生きてきたのに、下に見られた。妻がここまで辱《はずかし》めを受けたのに、どうしてあなたは平気なの？」と、矛先が僕に。

　それで夜通し人格を否定されました。「あなたは人として大切なものが欠けている。思いやりがない。鈍感で、無神経で、結局自分が一番かわいいんだよ！」って。

渋井　僕に言わせれば、河村さんほど気を回せる人はいませんよ。僕みたいな、マイナー誌でくすぶっているマンガ家にも優しかったですし。

河村　ありがとうございます（笑）。それで彼女、翌朝の昼近くになってもベッドから出てこない。その日は土曜日だったんですが、僕はその日の夕方、仕事上の恩師とも呼べる人の開催するある集まりに呼ばれていました。でも、とても家を離れる雰囲気じゃない。やむをえず「急に高熱が出た」とウソをついてドタキャンしました。あとで一筆したためて丁重にお詫《わ》びしましたよ。

その日の彼女は食事も摂《と》らず、幽霊みたいな青白い顔でベッドにずっとうずくまっている。心配して話しかけると、「結婚は失敗だった。私の人生は終わりだ。責任を取れ」と凄《すご》んできました。

渋井　感情がころころ変わることについては、カウンセラーの先生が、「ＷＨＹ」で考えようとしてはいけないと言っていました。おそらく、相手を攻撃して支配できるなら、怒る理由なんて何でもいいんですよ。そもそも理由なんて、本人ですらわかってないほど心の中のごちゃごちゃしたものなんだから、他人であるあなたにわかるはずがないと。

河村　そうですね。私も渋井さんも、「原因があって結果がある、だからその原因を突き止めれば解決するんじゃないか」と考えるロジカル思考の人ですから。でも、それが間違いなんですよね。因果関係で考えてはいけない。

渋井　解決策があるかもしれないと思うと、「この関係をやり直せるかもしれない」と考えてしまいますからね。それはまだ相手に心を支配されている証《あかし》です。そうなると、いつまでも相手から逃げられない。一生振り回される。ロジカル思考の人ほど、パートナーの理不尽な仕打ちから逃げられない。パートナーの横暴に苦しんでいる人は、ぜひ覚えておいてほしいです。

河村　本当に、声を大にして言いたいですね。同じ被害者を生まないためにも。

渋井　あと、これもカウンセラーが言ってたんですが、彼女の理不尽な仕打ちが、もともと彼女が持っている考え方の歪《ゆが》みによるものだとすると、それは〝病気〟ではないので、治療というアプローチはできないですよと。鬱《うつ》は抗うつ剤で治せるけど、「考え方のクセ」みたいなものは、矯正するにしても何年もかかる。その何年かの間にあなたが参ってしまうし、最悪ふたりとも病む。医者ですら巻き込まれることがあるんだから、素人のあなたが個人でどうこうできる問題ではありませんよ、と。

メンヘラ妻の傾向③　「相手が悪い」が基本的スタンス

――お話を聞いていると、おふたりが悪くないのに理不尽に責められるケースが多いように感じます。

渋井　一緒に暮らし始めてわかったことですが、「自分がいかに被害者か、僕がいかにひどい人間か」を主張するのが、妻の僕に対するコミュニケーションの基本的なスタンスです。

河村　うちもそうでした。自分が不快に思うことの原因のすべては相手、つまり僕にある。そういう独自論理というか独自OSが、頭の中にインストールしてある。

渋井　彼女が出かける支度に時間がかかって、予定していた時間に家を出発できないとするじゃないですか。それも全部僕のせいになるんですよ。「なんでもっと早く目覚ましをかけなかったの！」「なんでもっと早く朝ごはんを食べなかったの！」「もっと時間をちゃんと気にしてないとダメじゃない！」「なんで電車の時間に余裕をもって、1本早いのを調べておかなかったの！」って。共同責任という発想はない。自分の不手際は、すべて一緒に暮らしている僕のせいになるんです。

河村　どんなことでも人のせいにしますよね。それで反論しようものなら、ものすごく不機嫌になって、外出自体がなくなる。

夏に日帰りで海水浴に行く計画を立てて、朝5時起きで目覚ましをかけたんですが、彼女が起きられなくて30分ぐらいベッドでぐずついていたんです。電車の指定席を買っていたので遅れるわけにはいかない。それで、かなり気を遣って優しく言いました。「あと30分で出ないとね」って。そうしたら烈火のごとく怒りましたよ。「なんで起こしてくれなかったの！」「なんでゆうべ遅くまでダラダラしてたの！　早く寝ようとしてくれればよかったのに！」って。

結局、朝8時くらいまで非難と罵詈《ばり》雑言《ぞうごん》が続き、僕は粛々《しゅくしゅく》と謝罪するのみ。ふたりとも憔《しょう》悴《すい》しきってしまい、とてもレジャーに行く気分じゃなくなったので海水浴は中止。電車の指定席券はパー。現地でレンタカーを予約していたんですが、何千円かのキャンセル料を払う羽目になりました。

——突然予定が飛んで、その日はどうすごしたんですか？

河村　彼女は昼前にようやく落ち着き、「おいしいものが食べたい」と言うので、ちょっと高級なローストビーフのサンドイッチを出前してベッドの上で一緒に食べたら、機嫌が直りました。

その後は夜までずっとベッドで彼女に寄り添っていて、最終的には彼女がセックスを求めてきました。応じましたが、終わった後に「今日はお互い傷つけあったけど、仲直りできて良かったね」みたいなことを言ってくるんですよ。その時は「丸く収まって良かった」とほっとしましたが、いま思えば「お互い」って……。僕がいったい彼女の何を傷つけたのか、今もって皆目《かいもく》わかりません。

渋井　僕、離婚後に調べたんですけど、これは「投影性同一視」と言うらしいですね。依存した相手に自分を投影しすぎていて、自分と相手の境目がなくなってしまう。結果、自分のコンプレックスを相手の問題にすり替える。なぜなら、相手を責めていれば自分は傷つかないで済むから。

河村　なるほど、だから一緒に暮らしはじめると、交際中よりも相手への責任転嫁がひどくなるんですね。彼女たちは自分の慢性的な不機嫌を誰かのせいにしたい。そして、一緒に住んでいる人間がいちばん手近なターゲットになる。

渋井　我々にイライラをぶつけてくるわりに、決して自分からは離婚を申し出ないのはそういうわけです。彼女たちは常に苦虫を嚙《か》みつぶしたような顔で我々に不満をぶつけてくるけど、結局はその状態が楽《らく》なんですよ。

——離婚の申し出はおふたりからですか。

渋井　はい。かなり抵抗されましたが。

河村　うちも同じ。訴訟をちらつかせてきましたが、なんとか協議離婚できました。

渋井　そうだ、僕が彼女から受けるストレスで心労がたたり、ソファで臥《ふ》せっていると、ものすごく機嫌が悪くなりました。「それは私への当てつけ？　私のせいで体調を崩したってアピールしてるの？」って。うかうか体調も悪くなれない。

河村　僕もですよ。一度、出社後にすごく体調が悪くなって会社を早退して帰ってきたことがあります。実はその日、彼女と外で落ち合って、彼女が以前から行きたがっていたバルに飲みに行く約束をしていたんですが、とても行けるような体調じゃない。だから早退する前に会社からＬＩＮＥで「本当に申し訳ないけど今日は行けない」と彼女に伝えたら、素っ気なく「わかった」という返事。それで、先に帰ってベッドで寝ていると、彼女が帰宅するなり寝室のドアを勢いよく開けて電灯をつけ、思い切り僕をなじってきたんです。

渋井　なじる？

河村　「いい大人のくせに体調管理もできないの？　私は今日楽しみにしていたのに、最悪だよ。気分が壊れた。どうしてくれるの⁉」とね。介抱って発想はない。めちゃくちゃ気持ち悪かったんですが、ベッドの上で土下座しましたよ。彼女はふてくされてリビングに戻り、僕はその後もトイレで何度か吐いていたんですが、就寝の時間になってベッドに入ってきた彼女に、嫌味ったらしく言われましたよ。「ゲーゲー吐いてたけど、私のせいで悪化したって言いたいの？」って。

――おふたりとも「私のせいで体調が悪化したのか」と、ほとんど同じいちゃもんで元妻さんから詰められていますね。

渋井　相手の体調が悪いと自分の不機嫌をぶつけられない。それが気に入らないんでしょうね。弱っている相手に当たっても弱いものいじめみたいになるし、自分が加害者にはなりたくないから。徹底して被害者でいたい。私の立ち位置をお前が奪うな、と。

――なぜそんな歪んだ思考になってしまうんでしょう。

河村　だから、その「WHY」に意味はないんですよ。「育ちに問題があったのでは？」と言う友人もいましたが、彼女の両親は至って普通の方でしたし、むしろ話のわかる人格者でした。見る限り親子関係は良好で、ネグレクトやDVの気配もない。たとえば「親が共働き」「母子家庭」「一人っ子」といった属性にメンヘラの理由を見出そうとする人もいますが、僕に言わせれば、まったく当てになりませんね。

渋井　母子家庭で健全に育っている人だって、思いやりたっぷりの一人っ子だってたくさんいる。その人たちに失礼ですよ。だから親や家庭環境をヒントにメンヘラの素質があるかどうかを前もって判定するのは、不可能です。

河村　友人関係や仕事先の評判から判定するのも、難しいですよね。

渋井　ええ、わかりやすく社会不適合者じゃないですからね。彼女たちはむしろ社会ではうまくやっていて、下手にしっぽを出さない。僕、元妻と関わる前は、メンヘラとか情緒不安定な人って酒やギャンブルに溺《おぼ》れるイメージだったんですけど、全然そんなことはなかった。至って真面目。

河村　その通りです。僕の元妻も仕事先からはすごく信頼されていたようですし、実際に仕事もできる人でした。離婚してからも、仕事で彼女を知る共通の知人から言われましたよ。「あんなちゃんとした人と、なんで離婚したの？」って。相当親しい人にしか離婚の理由は言えないので、苦しかったです。多分その人、今でも思ってるでしょうね。僕が夫《おっと》としてものすごくダメだったから、彼女に愛想を尽かされたんだと。

渋井　そのつらさ、あるあるですよ。元妻の異常な性格のことは人に言えない。だからこそ僕は河村さんと意気投合したんです。「泣き寝入りせざるをえない被害者の会」みたいな同胞意識で。

メンヘラ妻の傾向④　自分の「ルール」に囚われすぎている

――元妻さんが家庭内では情緒不安定なのに、「社会的評価は高い」「至って真面目」なのは意外です。

渋井　それに関連すると、妻は超のつく健康志向でした。有機野菜など食材にはものすごくこだわるし、栄養バランスをかなり考えて献立を考える。スキンケア面でも金に糸目はつけなかったです。就寝と起床時間はきっちり決まっていて、少しでもずれると機嫌が悪い。フイットネスやヨガ、ピラティスなどにも積極的でした。自分を律しようとする意志はすごい。
――一見して、情緒不安定と矛盾するようですが。
渋井　たぶん「健康的で規則正しい生活を送らなきゃ」という強迫観念が根っこにあるんですよ。完璧《かんぺき》主義というか。毎朝決まった時間に朝食を食べないと気が済まなかったり。だから、それが実行できなかった時のストレスが半端じゃない。
河村　うちの場合、「自分を高めなければ。自己研鑽《けんさん》しなければ」という呪縛《じゅばく》に囚《とら》われていましたね。英語を学ぶためと称して洋書の純文学小説を「毎日△ページずつ読む」と宣言したり、将来のキャリアアップのためと称して分厚いプログラミングの本を何冊も買い込み、「毎日１章ずつマスターする」と張り切ったり。でも、ほとんど長続きしないんです。
　それで「できなかった」というストレスから自己嫌悪を引き起こして、最終的には僕に当たる。僕は当たられるのが嫌だから、無理な計画を立てているなと察知したら、やんわり「無理しないで、できることから少しずつがいいよ」と言うんですが、「私の努力をなんで応援してくれないの⁉」と結局キレる。
渋井　あと、潔癖症的な部分もありました。
河村　うちもです。
渋井　一緒にデパートに行った時、階段の手すりをつかみながら上ったら、ものすごくキレられました。「誰が触ったかわかんないのに、なんで触るの？　信じられない！」って。そのくせ自分は、スーパーのかごは普通に持つし、電車の吊《つ》り革は平気で握ってる。そこは矛盾してる。理屈じゃない。

河村　2人でデザートを食べようと思って、コタツの天板の上にスプーンを置いたら、無言でそのスプーンを取り上げてシンクで洗いはじめたんです。「さっき台ふきんで拭《ふ》いたよ」と言ったら、「そこには新聞が置いてあるよね。誰かわからない新聞配達の人が触ったから、天板を拭き直さないと汚い」って。でも僕は、彼女が新聞を読んだその手で食器を配膳しているのを、何度も見ています。整合性が取れてないんです。ただ、以前似たようなことを指摘してひどく不機嫌になられたので、言いませんでした。

渋井　自分で決めた独自の「ルール」が壊れるのが、普通の人に比べて尋常でなく不快なんですよ。だから、一緒に生活している我々が、彼女の独自「ルール」に従っていないと、ものすごい怒りが湧いてくる。なぜ私のルールを壊すのかと。

河村　人は誰でも、多かれ少なかれ自分に「ルール」を課すものですけど、彼女たちは一緒に生活している他人にも自分の「ルール」を強要してくる。それがきつい。

渋井　もちろん、もともと他人だった人間同士が一緒に暮らすことになれば、どちらかがどちらかの「ルール」に従わなきゃいけなくはなりますよ。寝る時間とか、食事の時間とか、掃除のタイミングとか。だけど、そういう時って「私のルールに付き合わせちゃってごめんね」とか「私に合わせてくれてありがとう」という感情がセットでしょう。なのに、そういうのはないんです。彼女にとっては、僕が彼女の「ルール」に100パーセント付き合うのが当然。

河村　僕、彼女と同居していた5年間、夜にリビングでテレビ番組を流し見したことがありません。

――えっ？

河村　彼女の「ルール」が、「テレビはDVDで映画を見るか、あらかじめ彼女が〝見るに値する〟と判断した番組を録画して見るもの」だったからです。だから僕、どうしても見たい番組は自室のチューナー付きパソコンで録画して、彼女がいない時にこっそり見ていました。僕が先に帰宅して彼女が帰宅するまでの1時間とかで。「夜中にやらなきゃいけない仕事がある」とウソをついて、大量に録画した番組をイヤホンして朝まで見ていたこともあります。あれは、束《つか》の間の至福でしたね……。

――テレビを見たいとは言えなかったんですか？

河村　同居をはじめた当初、彼女がリビングにいる時に、意を決してテレビをつけてみたんですよ。そうしたら、明らかに不快そうに僕をじろじろ見てるんです。僕は和ませようと思って、番組の内容にリアクションがてら「何あれ、おもしろいね」とかおどけたりもしたんですが、ぶすっとしてずっと携帯を見てる。「早くこの無為な時間が終わんないかな」と彼女の顔に書いてあるようでした。到底テレビを見て楽しめる空気じゃなかったので、二度と彼女の前ではテレビをつけませんでしたね。だから僕、結婚している5年間に流行《はや》ったドラマや、ブレイクした芸人や、J-POPやCMの知識が、すっぽり抜け落ちてるんです。

――普通じゃないとは思わなかったんですか？

河村　僕は家族以外の誰かと同居するのがはじめてでしたし、結婚前に「一緒に暮らしはじめると、たいてい生活習慣上の衝突はあるよね」って既婚者がよく言ってるのを聞いていたので、「こんなもんか」と思ってしまったんですよ。そうか、結婚って大変だな。世の中の夫婦はこれを乗り越えてるのか。すごいな。僕も頑張らないとって。

渋井　出た、「頑張らないと」。夫婦生活がうまくいかないのは、僕の頑張りが足りないからだ。そう考えてしまうんですよね。

●交通事故のようなもの

河村　こういう話を友人にすると、なぜ結婚する前に妻の本性がわからなかったのかと不思議がられるんですが、まあわかりませんよ。明らかに見た目の挙動がおかしいとか、異常に転職頻度が高いとか、友人がまったくいないとかだったらわかりますが。

渋井　モラハラやＤＶ被害を訴えると、一定数の人が「あなたにも悪いところがあったんじゃないの？」「見抜けなかったあなたが鈍感だ」と言うんですよね。なぜなら、被害に遭《あ》った人にも「非があった」ことにしないと、自分もいつか被害に遭ってしまうかもしれないから。その恐怖を避けようとする心理です。心理学的には「認知バイアス（bias＝偏り）」と呼ぶそうですが。無理やりにでも因果関係を見出したい。そうしないと納得できない。不快だと。

河村　大昔、村を襲う災厄や日照りなどの天変地異を、「最近村にやってきたよそ者」や「村の不届き者」のせいにしていたのも、そうじゃないですか。「原因」を何かに求めないと、この世は本当の理不尽、本当の地獄になってしまうから。たとえ無根拠でも、筋の通った説明を求めるのが人間。

渋井　保育園児童の列に車が突っ込んできたのに、なぜか「保育士さんが安全確認を怠っていた」と責められるのも同じですね。車で思い出しましたが、モラハラ関連の本に、モラハラをしてくるようなパートナーと結婚したのは「交通事故」みたいなものだと書かれていましたよ。どんなに気をつけて歩いていても、歩道に車が突っ込んでくることがある。それは避けられない。ましてや、突っ込まれたほうに責任なんてあるわけがない。

河村　いじめに遭うのは「いじめられるような言動をしたから」、レイプに遭うのは「露出度の高い格好をしていたから」として、被害者を責める。配偶者からのモラハラ被害に遭った人を自己責任論で責めるのも、それくらい理不尽ですよ。

渋井　加えて、女性のＤＶ被害、モラハラ被害に比べて男性側のそれはあまり顕在化しない。レイプ同然の暴言も暴行も結構あるのに。僕も元妻からこんな目に遭わされなかったら、世の中にこんな人が存在するんだと信じられませんでしたからね。男性側からの「＃MeToo」として声をあげたいくらいです。

河村　離婚後に僕が受けたモラハラ話を聞いた友人女性が驚いていました。「本当にそんな人がいるんだ。私の周りにはひとりもいないし、そういう被害に遭った話も聞いたことがない」って。彼女自身は既婚者で、既婚者の友人、夫婦の知り合いもたくさんいる。だけど、元妻みたいな人間に出会わない人は、本当に出会わない。妻がＤＶに遭っている家ならともかく、まさか夫が苦しんでいる家があるなんて、思いも寄らないみたいですよ。

メンヘラ妻の傾向⑤　極端な秘密主義

渋井　一緒に暮らし始めて感じた違和感のひとつに、元妻の秘密主義がありました。夫婦の共通体験を第三者に話すのを極端に嫌うんです。

河村　うちもです。

渋井　２人でディズニーランドに行ったことを僕の親に話したら、「私たちだけの思い出を外にベラベラしゃべるなんて！」と不機嫌になりました。イベントだけでなく、毎日の生活パターンとか、家の間取りとか、夕食がなんだったとか、そんなレベルのことですら、友人に話すことを禁じられましたね。妻への愚痴とかじゃないんですよ。単に友人から「最近どう？」って聞かれて答える程度の近況報告のつもりなんですが、それも全部ダメ。

河村　だから友人からは「あいつ家庭生活のことを全然話さないな」って思われる。

渋井　でも、話さざるをえない時もあります。夫婦で出席した共通の友人との飲み会で、「奥さん、家で料理作るの？」と聞かれたので、僕は妻を立てるつもりで「こないだのカレーは絶品だった」「自家製のドレッシングを作ってくれた」としゃべったら、隣の席の妻が見るからに不機嫌になって黙りこんだんですよ。僕はそれを察知して、本当は行きたかった二次会も遠慮して、妻と帰途につきました。

帰りの電車に乗り込むと、妻がものすごい形相で僕を睨《にら》んでるんですよ。「どうしたの？さっき何か気に障《さわ》った？」って聞いたら、「なんで家のことをベラベラ人前でしゃべるの！」って。「僕は褒めたんだけど」と返したら、「カレーなんて材料を煮るだけなんだから、料理が下手な人に思われる」「ドレッシングを自作したなんて、意識が高い人みたいで嫌味ったらしい印象を与える」と。考えすぎだよと言ったんですが、聞く耳は持たなかったですね。

河村　うちは、僕の知り合いを家に呼ぶのをものすごく嫌がりました。僕が外で飲んでいて酔っ払って飲み仲間となだれ込む……とかじゃないんですよ。小さい子供のいる友人夫婦とゆっくり話したくて自宅に家族ごと呼びたいとか、関東近郊に住んでいる高校生の親戚を東京見物がてら遊びに来させたいとか、そんな感じ。でも、あからさまに嫌な顔をする。「私たちの空間に外の人を入れたくない」とかなんとか。

言いたかないですが、家賃と生活費の6割くらいは僕が払っていたので、僕にも主張する権利がある。それで一度食い下がってみたことがあるんです。そうしたら完全にキレて、「だったらその日、私はずっと外にいるから、帰ったらメールください」って。

渋井　泊めるなんて、もってのほかですよね。

――おふたりの元妻さんとも、何がそんなに嫌だったんでしょうか。

渋井　自分が外からどう見られてるのかを、異常に気にするんだと思います。外では非の打ち所がない、社会性のある人間として完璧にやっている。だから僕に精神依存している結婚生活、つまり「内」が「外」に漏れるのはまずい。それがどんなささいな日常の断片であっても、「何か」を判断される材料になってしまうから。

河村　うちの場合、実態が「外」に漏れると点数をつけられるかもしれないという恐れがあったと思います。家に来られれば、どれくらい掃除が行き届いているか、インテリアのセンスなんかが白日の下《もと》にさらされます。料理なんてふるまった日には、逃げ場なく「評価」される。だったら全部隠したほうが安全だと。

掃除やインテリアや料理を「外」の人に評価されるのを嫌がる女性がけっこういるのも知っています。でも、やはり嫌がりっぷりが普通じゃない。

一度、実家の両親が上京したので、家で一緒に昼食を食べようということになりました。さすがに親だから断れない状況だったんですけど、元妻が何を言い出したと思います？　ハウスクリーニングを頼んで料理教室に行かなきゃって。

結局、何万円かかけてハウスクリーニングはしましたよ。料理教室はさすがにやりすぎだと思ったので、「何か出前を取ろう」と提案したら、「私が料理もしないようなダメな嫁に見えるじゃない！　全然わかってない」って。どうにも埒《らち》が明かなかったので、僕から両親に言って、ランチを用意しなくていいお茶の時間に来てもらうよう調整しました。

渋井　うちは結局、両親を新居に呼べずじまいでした。

河村　実のご両親が新居を見てないんですか？　一度も？

渋井　ええ。妻がどうしても許してくれなくて。だから僕から母には電話でやんわり「ごめん、妻が忙しくて人を迎える余裕がないみたいで」と言ったら、母は何か察したらしく、それ以上言いませんでしたね。ただ、結婚してから何ヶ月後かに母から手紙が来て、「東京に用事があったので、こないだあなたのマンションを外から見てきました。きれいなマンションですね。安心しました」って。

河村　こっそり来てたんですか？　お母さん。

渋井　ええ。もう、情けなくて、申し訳なくて。たぶん東京に用事なんてないんですよ。年老いた実の親を東京に来させて、家の前まで来てとんぼ返りさせるなんて、親不孝にもほどがある。母としては、「今、東京に来てるよ」と僕に連絡すれば妻の手前僕が困ると考えて、あえてこっそり来たんでしょう。

しかも「安心しました」ですよ……。母は一体どういう気持ちで、目の前にあるのに入れてくれない僕たちのマンションを眺めていたのか。今思い出しても、悔しくて泣けてきます。

結局、この手紙のことは妻に言いませんでした。言えば「私のせいなの!?」って食ってかかられることを、僕が恐れたんです。言い訳ですが、当時は仕事でトラブルに見舞われていて、ものすごく疲れていました。余計なエネルギーを使う余裕がなかったんです。でも、衝突覚悟で言うべきでした。言わなかった自分を今でも恥じています。

メンヘラ妻の傾向⑥　決められない

河村　これは交際中からですが、元妻は決断力が異常になかったです。レストランでランチを選ぶのに10分も15分も悩んでいる。Aセット、Bセット、Cセットに、飲み物とデザートを選ぶだけですよ。周りのテーブルには次々運ばれてくるのに、自分たちのテーブルではずっと彼女が難しい顔して悩んでいる。僕はとっくに決めてるけど、せっつくと怒るので黙って水でも飲んでいます。携帯をさわると当てつけみたいに見えて怒られるので、NG。それでも、僕に対してイライラを出してくるんですよ。

――何も言ってないのに？

河村「私が迷ってるのを、恨みながら待ってるんでしょう！」って。何をしても怒られるし、何もしなくても先回りして、勝手に悪意を創造されて、それを責められる。

渋井　うちはふたりで週末に出かけると、夕食の店選びで毎回暗雲が垂れ込めていました。まず、彼女からの提案はない。僕が何店か提案しても、たいてい無言で不満顔。それで何店も何店も、その場で食べログとかで探すけど、どれもイマイチ。そのうちイライラしてきて、「ねえ、いつ決まるの!?」って怒る。一緒に考えようって気がまるでない。全部僕のせいになるんです。

河村　かと言って、元妻さんに「じゃあ好きに決めていいよ」と言っても……。

渋井　めちゃくちゃ怒ります。なんで私が考えなきゃいけないのよ！って。さっきの「投影性同一視」ですね。自分の不快は全部相手のせい。

河村　僕は旅行の計画でものすごく疲弊しました。基本はふたりで計画する体《てい》なんですけど、彼女は絶対に言い出さない。僕がいくつも旅行先を提案して、宿も提案して、現地で行くとこも提案して、予算を組んで、そこに妻が何十というダメ出しをして、ようやく決まるんです。

旅行中はたいてい険悪になりますね。泊まった宿や観光地がイマイチだと、あからさまに「あんまりだね」と不機嫌そうに言ってくる。まるで僕のせいかのように。提案したのは僕ですが、同意したのは彼女だし、そもそも彼女はなにひとつアイデアを出していない。なのに不満はすごい。

一度なんて、帰りの飛行機で「お金のムダだったね」「こんなことなら△△（別の候補地）にすればよかったね」とはっきり言ってきたんですよ。さすがに気分が悪くなって言葉が少なくなったら、すかさず「機嫌悪いの？　めんどくさいから、やめてくれない？」って。

渋井　「〜にすればよかった〝ね〟」と同意を求めてくるところが巧妙ですね。

河村　そうなんです。自分だけでなく僕もこの旅行が無意味だったと感じている共犯者にしたいわけです。姑息《こそく》ですよね。でも「そうかな？」と疑問を挟もうものなら、黙ってむくれる。僕から謝罪しない限り、一言も口をきかなくなる。それで４日間の海外旅行の後半２日が地獄だったこともありました。

　結局、決めた結果に対して責任を負いたくないだけなんですよ。もし自分の責任で店や旅行先を選んで満足度が低かったら、自分が悪いことになってしまう。相手に自分を責める余地を与えてしまう。そうなると、相手に対して精神的優位に立てない。だから自分はいかなる小さい「ミス」も犯してはならない。

渋井　パートナーとの関係の作り方が基本的に「支配」なんですよね。モラハラをはたらく人の典型的な特徴です。でも支配しているとは気づかれたくないし、認めたくもないので、「自分はこんなに可哀想だ」という被害者の立場から攻撃してくる。

河村　たぶん僕の元妻も渋井さんの元妻も、パーソナリティのすべての根っこにあるのは、「異常な悲観志向」だと思うんですよ。「もしイマイチのやつを選んでしまったら、この時間が台無しになる。すごく惨めな気分を味わうことになる。それだけは絶対に避けたい。絶対にハズレを引きたくない」という。その強迫観念じみた恐怖心が、自己責任回避テクニックを異常発達させた。

渋井　隣にいる相手を攻撃すれば、自分は悪くないと納得できるから。

河村　有名な、「コップにミルクが半分入った状態」の話を思い出しますね。楽観論者は「まだ半分も残ってる」と考えるけど、悲観論者は「もう半分なくなってしまった」と考える。元妻は、仮に8分目までミルクが入っていても「コップの縁《ふち》ギリギリまでミルクが入っていない」という事実に絶望する。先ほどから渋井さんがおっしゃっている「完璧主義」にもつながる気質です。

●「思考する暇」が奪われる

――かなり元妻さんを分析されていますが、何年も苦しい結婚生活を続けられていたわけですよね。河村さんは5年、渋井さんは3年半。なぜもっと早く離婚を申し出なかったんですか?

河村　結婚生活とは「そういうもの」だと思ってしまったんですよ。さっきも言いましたが、結婚はもちろん、家族以外の人間と同居したのは元妻がはじめてでしたし。

あとはプライドです。家庭内の悩みをあまり外に言うのは恥ずかしいことだ、それくらい黙っててめえで解決するのが男だ、ここらで男の度量を見せやがれ、みたいな。僕はそういう世代なのかもしれません。僕の親は昭和的価値観にどっぷりの団塊世代ですから、家庭とは男親がドーンと構え、愚痴ひとつ言わずすべてを呑《の》み込む。そういうものだという認識を、小さい頃から刷り込まれていました。

渋井　僕は河村さんより少し下なので、友達や職場の人に愚痴を漏らしてはいましたが、「夫婦にこの種の衝突は付き物」だと思いこんでいました。家の話を外でするのは禁止されていましたから、他の夫婦と比べることもできない。だから夫婦生活で抱いた違和感は、ぐっと呑み込んでしまったんです。まあ、こういうこともあるだろうと。

それに、元妻の感情は「機嫌が良い時」と「悪い時」が交互に来るんです。常に支配されているわけではなく、平和的な時間もある。不思議なもので、辛い日常が続くと、ささいな夫婦の日常にとてつもなく大きな幸せを感じるようになるんですよ。その幸せを維持するために、妻の支配に延々と振り回されていました。

河村　やっぱり、僕も渋井さんも「頑張り屋」なんですよ。世の中の物事は、頑張ればなんとかなる。そういう人生観で生きてきたし、それで今までうまく行っていました。だから結婚も、これくらいの苦難は乗り越えられると思ったんです。限界まで自分を励まして。でもその結果が心療内科に通院。

渋井　離婚という発想になかなか至らなかったのは、冷静に思考する暇を元妻に奪われていたからです。そうするため、彼女は僕の余暇時間をすべて自分と一緒にいるよう、管理・拘束していました。

――ブラック企業の超長時間労働で苦しんでいる人が、「辞める」という発想になかなか至らないのと同じですね。

渋井　まさにそうです。毎日何時に帰るかは連絡義務があり、僕にやむを得ない仕事の飲み会が入ると、露骨に嫌な顔をするんですよ。で、飲み会の間じゅう、何時に帰るのか、あとどれくらいで終わるのかをＬＩＮＥで連投してくる。

一度、いったん8時半に帰ると連絡した直後に緊急の案件処理が生じて、連絡しないまま9時くらいになってしまったことがあります。大変でした。帰宅したら元妻はカンカンで、「こんなひどい仕打ちはない。私の苦痛をどうやって埋め合わせしてくれるのか。最低の夫だ」と、夜中まで罵倒されましたね。

言うまでもありませんが、週末は基本的に2人でいるのが「ルール」です。特別な事情がない限り、僕だけの外出は許されない。許す空気がない。

河村　マインドコントロールと一緒で、過剰な束縛で判断力を奪うんですよね。僕も、同居していた5年間の週末に妻抜きで友人と会ったのは、冠婚葬祭を除けば5回もありません。基本、週末は好きに外出させてくれない。手のかかる子供がいるならともかく、うちに子供はいない。なのに、ひとりで映画とか、ふらっと本屋に行くとか、友達と飲みに行くなんて、ありえない。それができる夫婦がすごく羨《うらや》ましかったですね。うちは一生無理だと諦《あきら》めていました。

窮屈だなあとは思うんですが、よく巷《ちまた》で「週末に友達と飲みに行こうとすると、妻がいい顔をしない」「家で妻といると気詰まりな夫が、仕事だと嘘をついて外で時間をつぶしている」って話を聞いていたから、まあ、夫婦ってこんなもんだよなと。自分たちは普通の夫婦なんだ、特別不幸な境遇じゃないんだと……思いたかったんでしょうね。

渋井　それも認知バイアスですよ。「そういうものだ」と認知を歪めてしまう。どんな夫婦もこれを乗り越えたんだ、世の中の男たちはみんな僕みたいに頑張ってるんだ……と思いたい。

河村　自分は特別だと認めてしまった瞬間に、ものすごく大きな運命、つまり「一生、自分は不幸だ」を背負わなきゃいけなくなるので。その絶望的な結論から逃げたかったんですよね。

僕、もう限界だとなった時に両親に長い手紙を書いたんですよ。これこれこういうふうな夫婦生活で、これこれこういうふうにつらい。僕は頑張ったけどどうにも好転しないんだと。すぐ父から返事が来ました。「それは明らかに異常だ。すぐ別れろ」って。父は僕が結婚する時に「苦しいことがあっても、簡単に投げ出してはいけない。いろんな試練を乗り越えて夫婦の絆《きずな》を深めなさい」と言っていました。そんな人がですよ、即答で「別れろ」。

プライドとか、「男たるもの」なんて考えず、父に早く相談すればよかったです。そんなつまらないことにこだわったせいで、5年も地獄を味わったんですから。

●「正しかった選択」にこだわってはいけない

渋井 なんで早く離婚しなかったか。これをもうちょっと考えてみると、僕、結婚するまでの人生はすべて「正しい選択をしてきた」という自負があったからだと思います。上京したのも、進んだ大学も、専攻した科目も、就職先も、すべて正しかった。だから結婚も「正しい選択だ」と思いたかった。

僕の好きな朝井《あさい》リョウさんの『武道館』という小説に、「『正しい選択』なんてこの世にはない。たぶん、『正しかった選択』しかないんだよ」というセリフがあるんです。夫婦生活がかなり苦しい時期にそれを読んで、変に希望を持ってしまいました。「そうか、もしかしたらこの結婚は間違った選択だったかもしれないけど、自分の努力で正しかった選択に変えられるんだ」って。

河村 それが裏目に出た。

渋井 朝井リョウさんに罪はありません（笑）。結婚をこれに当てはめるのが間違いだったんです。結婚は人生の他の選択と違って、唯一〝相手〟がいる。上京や進学や就職に相手はいない。自分で頑張ればいい。だけど結婚は違う。そこを、僕は間違えていた。頑張ってもしょうがないことが世の中に唯一あるとすれば、結婚です。

河村　至言《しげん》、としか言いようがありませんね。

渋井　結婚をやめるとき、つまり離婚だって、自分の決断だけではどうにもなりませんからね。

河村　たしかに僕も、「世の中には、どれだけ頑張っても、うまくいかないことがある」と、離婚で思い知らされました。

――それが、苦しい結婚生活と離婚を経た、おふたりの結論ですか？

河村　そうですが、僕は今でもひとつだけ結論を出せないことがあります。人は結婚した伴《はん》侶《りょ》の人生を、一体どこまで背負うべきなのか？　疾患《しっかん》であれ生まれもった性格であれ、相手が〝生きづらい〟と苦しんでいるのなら、一生添い遂げるべきではないのか？　一度は愛したのなら、たとえ彼女が僕にひどい暴言を吐こうとも、耐えて、耐えて、愛を貫くべきではないのか？　すべて〝べき〟論ですが。

●それでも人生は続く

渋井　僕の意見を言っていいですか。僕は、自分の人生を損《そこ》ねてまで、相手の人生に殉《じゅん》じる必要はないと思います。もっと具体的に言うなら、何年も、もしかしたら何十年も、暴言や暴虐に耐えながら相手の治療に付き合う義理はない。結婚で誓いの言葉は交わしましたけど、相手の人生までかぶる約束をした覚えはありません。

今の関係を一生続けていく自信がないのであれば、できるだけ早く「別れる」という決断を下すべきだと思います。むしろ、それが相手に対しての誠意と言うか……。中途半端な気持ちでずっと一緒にいるのが、いちばん良くないですよ。

河村　ただ世の中には、配偶者の〝病《やまい》〟に一生付き合う人もいます。心の病だけじゃない、完治の見込みがない難病や障害を抱えている配偶者を、ものすごい覚悟で一生支えていこうとしている人もいる。親の介護を何十年もやってる方もいる。それはものすごく崇高な行為で、きっと本物の愛だし、神様的な何かに照らし合わせれば、たぶん絶対的に〝正しい〟。

渋井　正しい、かな？　正しい……か。僕はちょっと同意できません。だって、それで支えていく側の心と体が壊れてしまったら、共倒れですから。

河村　僕自身、そういう選択をしていないので、偉そうなことは言えません。介護の話で言うなら、義務感を背負いすぎた結果、親の介護疲れで鬱になってしまう人もいる。一方で、親を施設に送ると「親を棄《す》てた」と非難してくる人もいる。僕は自分の離婚について思い返すとき、いつも〝介護〟や〝障害〟に置き換えて考えてしまうんですよ。

だから僕は「〝病〟に苦しんでいる妻の手を離した」という罪悪感から、たぶん一生逃れられないと思います。妻に同情しているわけじゃないんですが、もっとこう……ごめんなさい、うまく説明できないな。

渋井　これ、答えの出ない話ですよ。「人は、伴侶の人生を一体どこまで背負うべきなのか？」か。それを言ったら僕だって離婚した時、責任を最後まで負えなかった敗北感みたいなものに覆われましたから。

河村　僕らは世間からこういうふうに見られても仕方がないんですよ。「心の病で苦しんでいる女性に一旦《いったん》は手を差しのべて期待を持たせたのに、途中で手を離した最低のカス」って。

――さすがに、そんなことを言う人はいないのでは？

河村　言われましたよ。元妻の母親に、手紙で。もうちょっと遠回しにですが。あちらの両親は自分の娘が〝生きづらい人間〟であることをよく知っていたので、僕への「ハシゴを外された恨み」は一生消えないでしょうね。

渋井　ただ、僕らには僕らの人生がある。この先も人生が続く。僕は離婚すべきか否《いな》か迷っていた時、頼りにしていた人からアドバイスされて、すごく心に響いた言葉があるんです。

「もしも離婚を切り出して、そのことがきっかけで奥様がショックで自殺したとしても、それは渋井さんの責任じゃありませんからね」って。それを聞いた時、踏ん切りがついたんです。誰かからカス呼ばわりされようが、悪魔呼ばわりされようが、僕は、僕の人生を、僕の手で尊重したい。

河村　だから最初の話に戻るんですけど、僕は自分の離婚を正当化するつもりはないんですよ。ないけど、自分は正しい選択をしたと胸を張って言える。

渋井　皮肉なことですけど、離婚したことで人生の大切さに気づきました。1日1日を大切にして生きたいと願うようになったんです。生《せい》への執着が強くなりました。今は「自分の人生を生きている」と自信を持って言えます。

河村　そうですね。僕も、離婚してようやく本当の意味で人生を愛《め》でられるようになりました。だからといって、その離婚を引き起こした元妻にはまったく感謝していませんが。

渋井　それは、100パーセント同感です。

Case ＃11　北条耕平
おかしいのはどっちだ？

●ちょっとしたことで、すぐリストカット

冷房の効きすぎた喫茶店に現れるなり、「えっと、どこから話しましょうか」と北条耕平《ほうじょうこうへい》さん（44歳）は言った。大柄でクマのような体型。Ｔシャツに短パン。渋谷《しぶや》のど真ん中にもかかわらず、まるで風呂《ふろ》上がりに近所のコンビニまでちょっと出てきたかのような出《い》で立ちだ。

実は北条さん、我々が現在ネットで目にする著名なサイトやサービスをいくつも立ち上げて軌道に乗せた、界隈《かいわい》では結構な有名人だ。２０００年前後からライター活動をはじめて以降、草創期のインターネットメディア最前線を渡り歩き、超大手ＩＴ企業を転々として数々のメディア運営にも関わった、平成ネット史の生き字引的存在。誰もが知る外資系メディアにも携《たずさ》わってきた。彼の業績を知る者にしてみれば「カリスマ」にほかならないが、そのしゃべりは相手をまったく緊張させない。「飄々《ひょうひょう》」という形容がしっくりくる。

「でしたら、話しやすいことから、どうぞ」と言うと、約3年前に離婚した妻・F子さんのことを話しはじめた。

「幼馴染《おさななじみ》の男友達とマクドナルドでご飯を食べていて、その友達がトイレに立った時に隣のテーブルから僕に話しかけてきたのがF子です。男友達は、自分が仕切っていたゲーム開発の資金集めサイトの話を僕にしていたんですが、偶然にもF子がそのプロジェクトに何千円か出してパトロンになっていて。『すみません、聞こえてしまったので、つい話しかけてしまいました』と。それをきっかけに飲み会に呼ぶようになり、交際がはじまりました」

F子さんはフリーライター。北条さんと出会った当時はシェアハウス住まいだったが、シェアハウス内でいじめに遭っていたという。一方、当時の北条さんは羽振りが良く、中野《なかの》にある家賃26万円、100平米超え（！）のワンルームマンションに住んでいた。当然の流れとして、ふたりは北条さんの部屋で同棲することになる。

「F子は本気《ガチ》のメンヘラでした。ささいなことで、というか、あらゆることで怒鳴って僕にキレるんです。たとえば、褒めたつもりで『今日のイヤリング、ちょっとユニークだね』と言うとキレる。『なんでそんなこと言うの？　私が悪いの？』って。ちょっとしたことですぐリストカットしていましたし、僕に対しても激しく攻撃してきました」

と言って、北条さんは腕の傷を見せてくれた。ぽっこり凹《へこ》んでいる。F子さんに爪で肉を抉《えぐ》られた痕《あと》だそうだ。

「リスカや怒鳴られるのは、まだいいんです。僕がいちばん辛かったのは、これみよがしに溜《た》め息をつくことでした。自然の溜め息じゃない、明確な意思表示です。私の不幸は全部あなたのせい、的な」

さらっと、リスカを「まだいい」と言ってのける北条さんに若干の違和感を抱いたが、それを気に留める間もなく、北条さんは続けた。

「別れたいと思ったんですが、住むところのない彼女はさすがに追い出しにくい。なので一計を案じました。ちょうど住んでいる100平米超えの部屋の2年契約が終わる頃だったので、次はうんと狭い部屋に越せば来なくなるだろうと。それで池袋《いけぶくろ》の4・5畳の部屋に引っ越しました。しかもそこ、共同トイレです」

別れるために100平米超えから4・5畳の部屋に引っ越すとは、あまりにも極端だ。いろいろ聞きたいこともあったが、北条さんは筆者に口を挟ませない。

「ところが、引っ越し直後にF子の妊娠が発覚しちゃったんです。心当たりはありました。1日に二度セックスした日にコンドームの在庫が1枚しかなくて、生《なま》でやった二度目が〝当たった〟みたいですね」

安全日の確認はしなかったのだろうか？

「歴代の交際相手もすべてそうでしたが、僕は相手が求めてきたら、必ず応じます。その際にゴムがなくても」

人生を左右する大変なアクシデントである。しかし北条さんは、まるで他人事《ひとごと》のように淡々と説明を続けた。

「できちゃったものはしょうがない。中絶は考えていなかったし、子供にも罪はない。未婚の母も気の毒です。それで、結婚しました」

●息子を車道に放置しようとした

子供が生まれるとなれば4・5畳の部屋には住めない。北条さんとF子さんは、吉祥寺《きちじょうじ》にある3LDKのマンションに越した。そこで事件が起きる。

「仕事中にF子の番号から着信があったので取ったら、知らない女性が『さっき、あなたの奥さんが赤ちゃんを車道に放置しようとしていました』。話を聞くと、すんでのところでF子が思いとどまって、福祉課かどこかに自分で電話した。それで職員が駆けつけて、今なだめている最中だというんです」

その後、F子さんは〝緊急措置〟を取られ、一旦は隔離病棟に収容される。発作的な行動は、元来の不安定な気質に育児ノイローゼが重なった結果だと思われた。その際F子さんの父親は、Ｆ子さんの行動を北条さんのせいにしたが、波風を立てたくなかった北条さんは、望まれるままに謝罪したという。

「病院がＦ子に聞き取り調査をして、Ｆ子が過去に自殺未遂したことが明らかになりました。僕も向こうの両親も初耳です。だからＦ子が退院後は、吉祥寺のマンションに戻すのは危険だと判断して、昭島市《あきしま》にある彼女の実家に戻しました。その後、吉祥寺のマンションは引き払い、昭島市の実家近くに別のマンションを借りて、再び親子３人で暮らし始めたんです」

引っ越し後のＦ子さんは心療内科にもカウンセリングにも通い、市の職員ともやり取りしていたが、状態は一向に良くならない。

「僕自身、彼女とまともにコミュニケーションを取るのは難しいなと感じるようになりました。子供の誕生日ケーキを買って冷蔵庫に入れておいたら、彼女が翌日に全部食べちゃっていたこともあります。精神の変調で過食気味とはいえ、さすがに子供のケーキを食べるなんて……。でも、怒ってもしょうがない。我々にはわからない、考えの巡り方があるのでしょう」

昭島市に引っ越した当初のＦ子さんは勤め人だったが、「職場の人とコミュニケーションが取れない」という理由で会社を辞めた。その後は専業主婦として家で育児をするＦ子さんだったが、日中、Ｆ子さんの怒鳴り声と子供の泣く声でマンションの住民から通報されたここともあった。

「当時2歳だった息子に危害が及ぶ可能性がどうしても捨てきれなかったので、僕は離婚を決意しました。しかしF子が、というかF子の両親が息子を手放さないいんです。娘だけの四姉妹だったので、家として跡取りが欲しかったようにも見えました。僕は子供の危険を主張したんですが、近くに住んでいる自分たちがちゃんと監視しているし、市内に住んでいるF子の姉と妹たちも様子を見に来させるからと譲らない」

監視と言っても24時間見張っているわけではない。北条さんの心配は募《つの》るばかり。

「とはいえ僕が引き取るにしても、四六時中取材や打ち合わせで飛び回っている身ですから難しい。だから和歌山県にいる僕の両親に預けるからと言ったんですが、通りませんでした」

結局、息子さんはF子さんのもとへ。そして北条さんとF子さんは離婚した。約3年前のことである。

あまりに壮絶で、あまりに理不尽な苦しみに満ちている離婚話だ。にもかかわらず、北条さんが眉《まゆ》ひとつ動かさず、涼しい顔で話しているのが筆者は気になった。まるで、とらえどころがない。これほどの経験を経ているのに、なぜこんなにも平静なのか。その疑問を思い切ってぶつけると、北条さんはいたずらっぽく笑ってこう言った。

「僕、過去にもすごいメンヘラと付き合ったことがあるんです」

●計画的にキレる、バツ2の女性作家

F子さんとの結婚から遡《さかのぼ》ること11年。北条さんは池袋にある単身用のマンションに、ある女性作家B美さんと同棲していたという。

「僕が高校の頃に作品を読んでいた小説家さんです。知り合った当時の彼女はバツ2。1人目の旦那《だんな》さんと別れた後に精神科病院に入院し、病院で知り合った人と二度目の結婚。子供ができたんですが、また別れて、親が住んでいる某地方都市にお子さんと一緒に住んでいました」

ネット上のとあるつながりで知り合い、B美さんとスカイプで頻繁に連絡しあうようになった北条さん。北条さんによれば、付き合った理由は「ファンだったたし、モデルみたいに美人だったので」。

当時、定期連載を持っていなかった彼女は、「小説家としてもう一度花を咲かせたい」と北条さんにこぼす。好きだった小説家の願いを叶《かな》えてあげたい北条さんは、彼女を上京させて池袋のマンションに迎え入れた。生活費や家賃はすべて北条さん持ち。なお、B美さんの子供は実家に置いたままでの上京だった。

「彼女も、ものすごいメンヘラでした。すぐキレるし、すぐリスカする。しかも着火点が皆

目わからない。『編集者さんに読んでもらう原稿、今週中に書きあげなきゃいけないんじゃない？』と言えばキレるし、僕が飲み会で遅くなると、リスカして玄関で待っている。血だらけで」

北条さんは再び腕を見せてくれた。F子さんに抉られた傷のすぐ近くに、別の傷がある。

「B美に包丁の先で刺された痕です」と北条さん。その説明も実に淡々としている。

「リスカも最初は面食らうんですけど、だんだん慣れてくるんですよ。B美に関して言えば、絶対に死ぬようなことはしないので。ちゃんと加減してる、計画的にやってるんです。

一度、それがはっきり確認できたことがありました。一緒に暮らし始めた頃、彼女があまりにキレすぎるので、僕も頭に血がのぼってパソコンをぶん投げたんです。そうしたら彼女が言いました。『あなたまで変になっちゃったら、私はどうしようもなくなるじゃない』って。ああ、なるほど。そこは冷静なんだなと。

リスカした血を僕の顔に塗りつけて、僕を動揺させようとしたこともありました。僕は血がついているのを知らないフリして、コンビニに行ってくると言ったら、彼女が慌てて止めるんです。『待って、このまま外に出ると警察が来るから』って。そこは大事《おおごと》にしたくないんだなと。メンヘラとはいえ、やっぱり計画的なんです。ちょっと、冷めましたね」

逞《たくま》しいと言うべきか、神経が太いと言うべきか。普通の人間ならきっと動揺してしまうだろう。

しかし、1年ほどでB美さんとの生活は終わる。

「別れはB美から切り出してきました。他に好きな人ができたと。僕の知っている別のライターさんでした」

今まで住まわせ、食わせてもらっておいて、あまりにひどい裏切りだ。到底受け入れられるものではない。しかし北条さんは受け入れた。

「ダダをこねてなんとかなるんだったら、こねたいですけど、そうも行かないし。どうしようもないんだから、しょうがないですよね。まあ仕方ない」

F子さんが妊娠した時の「できちゃったものはしょうがない」が思い出される。尋常でないメンヘラ女性を2人も引き当て、つらい経験をしたにもかかわらず、なぜ「仕方ない」で片付けられるのか。なぜ愚痴のひとつも出てこないのか。そう疑問を投げかけると、北条さんは少し考えて口を開いた。

「実は、F子は二度目の結婚相手なんです。B美の前に、A子という女性と一度目の結婚をしていました」

なんと、北条さんは「バツ2」だった。しかも、A子さんとの間にも子供がいるという。続いて、気になることを口にした。

「僕のパートナー観みたいなものは、A子との夫婦生活の失敗によって固まったんですよ」

●「ここで結婚できなかったら、一生結婚できない」

時はB美さんとの同棲よりさらに遡る。今から20年近く前のことだ。

「A子と出会った当時の僕は25歳。出版社勤務の編集者で、いわゆるゲームオタク、ITオタクでした。草創期の『2ちゃんねる』に集うような人種と言えばわかりやすいかな。ただ、オタクの輪の外にも人間関係を広げたいなと思い、クラブに行くような人とも遊ぶようになりました。そこで知り合ったのが、美大卒のA子です。

A子は気が強くて……まあ、ブスでした。僕は気が強い女性は嫌いでしたし、A子の容姿もぜんぜん好みじゃなかったけど、付き合って1年くらいですぐ結婚しました」

焦って結婚する年齢でもない。しかも好みでもない女性と、なぜ結婚したのか。

「90年代を生きたオタクの自意識としては、自分みたいな者がまともに結婚なんかできないという諦めというか、劣等感が根底にあったからです。ゲームにしろITにしろアニメにしろ、今みたいな市民権はなかった。クラブに行くような人たちの間で、胸を張って『ゲームが趣味です』なんて、とてもじゃないけど言えない空気でした」

北条さんと同世代の筆者はよくわかる。今でこそ、若者が自己紹介で趣味はゲームだ、アニメだと言っても即「キモオタ」扱いはされないが、2000年前後はまだまだ「引かれる」空気が支配的だった。

「なのに、A子は僕のことを好きだと言ってくれました。そこで強く思ったんです。ここで結婚できなかったら、僕は一生結婚できないなと。だから結婚しました。迷いはなかったです」

すぐに子供ができた。女の子だ。新居は都心も都心、赤坂《あかさか》の狭くて古いマンション。家賃は16万円。しかしなぜ赤坂なのか。もっと都心から離れれば、安くて新しくて広い家に家族で住めるというのに。

「結婚後、すぐ会社をやめてフリーのライターになったんですが、僕にはどうしても譲れない考えがありました。一流のライターたるもの都心に住み、編集者に呼び出されたらすぐ駆けつけなければならない。仕事につながる飲み会なら何時まででも付き合うべし。絶対にそうあらねばならないと。だから、都内のどこで飲んでいても比較的タクシーで帰りやすい赤坂にしました」

しかし、子供の教育にあたって住環境が良くないと主張するA子さんが、北条さんに対して徐々に不満を漏らし始める。安定した会社員からフリーになったことにも怒っていた。

どうしてもポリシーを曲げられない北条さんは、折衷案をひねり出す。家賃8万円で別の都心に仕事場用のマンションを借り、同じく家賃８万円で所沢《ところざわ》駅からバスで10分ほどの場所に住まい用のマンションを借りるのだ。所沢はA子さんの実家に近い。仕事場用のマンションからは、私鉄とバスを乗り継ぎドア・トゥ・ドアで50分くらいの距離である。

「予想通り、仕事場用のマンションに入り浸りになりました。シャワーもキッチンも普通にあるので、不自由なくそこで生活できてしまうんです。所沢に帰るのは１、２週間に一度。娘には会いたかったけど、どうしても面倒くさくなっちゃって。たぶん、得るものを得たので満足してしまったんでしょうね。オタクの自分なのに結婚できたという状況、妻がいるという状況、子供がいるという状況に。

加えて、どうにも仕事が好きで好きでしょうがなかった。１秒でもあれば仕事がしたかったし、50分もかけてバスまで乗り継いで自宅に帰る時間が、無駄に思えて仕方なかったです。何が何でも仕事優先。没頭すると仕事から離れられない。今でもそうです。これは、どうしようもない」

北条さんの輝かしい業績は、この異常なまでの仕事優先志向に根ざしているのだろうか。

「ところが、出版業界の景気に陰りが見え始めると、仕事が減っていきました。だったら都心の仕事場を引き払えばいいんですが、それはできない。逆に、仕事に投資せねばと金遣《かねづか》いは荒くなるばかりでした。ＩＴ系の原稿を多く書いていたため、商売道具のパソコンは常に最先端の機材にしておく必要がありましたし、誘われた業界関係者との飲みは絶対に断らなかったので。そんなことを続けているうちに借金ができました。消費者金融で100万円くらい」

A子さんは仕事をしていなかったので、一家の稼ぎは北条さんのみ。家計は窮乏。借金のこともA子さんにバレてしまう。

「所沢に帰るごとに気の強い妻から詰められるので、以前にも増して帰らなくなりました。その間に仲良くなったのが……さっき話した小説家のB美なんです」

●養育費の代わりにクレヨン

なんと、「仕事場用のマンション」とは、のちにB美さんと同棲することになる「池袋の単身用マンション」のことだったのだ。整理すると、以下のようになる。

A子さん（1人目の妻）…北条さん26歳で結婚、28歳で離婚

←B美さん（池袋で同棲）…北条さん28歳で同棲、29歳で同棲解消

←

F子さん（2人目の妻）…北条さん39歳で結婚、41歳で離婚

「なので、A子とは離婚しました。養育費は毎月3万円ずつ払う約束でしたが、なにせこっちも仕事がない。申し訳ないけど、お金が入った時だけ渡していました。

一度、仕事でハワイに取材に行ったので、娘へのお土産でシャツを買ったんです。それで帰国後にA子を駅に呼び出したんですけど、お金がなかったから3万円は渡せなくて、代わりにシャツだけを渡しました。すると無言で受け取って、鬼の形相でずーっと僕を睨《にら》んでるんですよ。別れてしばらく歩いてから振り向いても、まだ睨んでる。怖いな、こんな人いるんだなと思いました」

睨むに決まっている。約束の養育費も渡さず、わざわざ呼び出して出張土産だけを手渡されたA子さんの気持ちを、北条さんは推《お》し量れないのだろうか。しかし北条さんは悪びれもせず言った。

「しょうがないじゃないですか。お金がないんだから」

それから数年後のエピソードが、北条さんの〝らしさ〟を裏付ける。仕事が上向き、毎月3万円を送れるくらいの余裕が出てきた時のこと。

「今までのことを反省して、手始めに数百色の高級クレヨンを娘宛てに宅配便で送ったんで

すよ。五、六万はしたかな。ちょうど小学校の入学タイミングだったので、お祝いとして。そうしたら、受取拒否の紙が貼られて荷物ごと送り返されてきました。ああ、これは断絶を意味するんだな、お金を送っても無駄だなと思いました。娘が20歳になって会いたいと言ったら僕はもちろん受け入れるけど、会いたくないんだったら、それもまた受け入れなきゃいけないなと」

色々とおかしい。送金できる余裕ができたのなら、クレヨンより先に、まずは送金すべきではないのか。可能なら、過去に滞っていた支払いもまとめて。お祝いはその後だ。明らかに順番が違う。

「順番ですか？　うーん、間違ったかもしれないけど、今さら言ってもしょうがないですから」

娘さんと永遠に会えなくなるかもしれないことになって、悔いてはいないんですかと聞くと、「べつに泣くほどのことでもない」と北条さん。達観なのか、潔《いさぎよ》すぎる諦念《ていねん》なのか。取材中に北条さんが幾度となく口にした「仕方ない」「しょうがない」が頭をよぎる。

結局、北条さんはA子さんとも娘さんとも、現在に至るまで15年近く会っていない。消息も知れないという。なお、送り返された高級クレヨンはそのまま妹夫婦の子供にあげたそうだ。

●メンヘラと僕は「お互い様」

「A子との結婚生活の破綻《はたん》を通じてわかったのは、僕がまともな人とは付き合えないということでした。何をおいても仕事が優先ですし、住まいにしても仕事にしても、〝こうじゃなきゃいけない〟と一度思い込んだら、絶対にそうしないと気がすまない。時間にルーズだし、起きる時間も寝る時間もめちゃくちゃだし、全然いい意味じゃなくて、僕自身が個性的すぎるんです。いろいろと極端なんですよ。

だから、A子と別れてからは、合コンでどんなに綺麗な女の人がいたとしても、その人がごく普通のOLさんだったら、僕は一切話しかけませんでした。なぜなら、そんな人が僕を好きになるはずがないから。無駄な力は注ぎたくない」

なぜ、そこまで断言できるのか。

「彼女たちはきっと、『何歳で結婚して、仕事を辞めて、何歳までに子供を何人産んで、育児をやって……』と人生計画を立てている。僕にとっては、それがもう無理。まともすぎて、絶対に自分と合わないんです」

北条さんは、自分がいかに〝いきあたりばったり〟で生きているかを、ものすごい早口で説明した。

「B子が出ていったあと、疲れを癒《い》やすために世界中を放浪する旅に出ました。帰国後は広《ひろ》尾《お》に住む一級建築士の女性・C子の家に転がり込み、彼女をネタにブログを書いて本を出しました。

その後はスカイプで知り合ったロシア人女性・D子と浮気してC子と離別。エカテリンブルクに住むD子の両親に会いに行くほど親密になりましたが、そのうち僕が海外に単身赴《おもむ》いてニュースを書く仕事をやりはじめてD子とは疎遠になり、自然消滅。

そうこうしてるうちに会社がつぶれたので、家賃2万3千円で4畳もない上野《うえの》近くの超ボロアパートに住み始め、そこを拠点にしていくつかのサイトを立ち上げました。前後して編集者のE子が4畳の部屋に転がり込んできたので、同棲をはじめて……」

情報が多すぎて処理できない。なんという波乱万丈。仕事も住まいも彼女も、ひとつとして安定しない、落ち着かない。しかし、その間に北条さんがネット史に残る〝すごい仕事〟をやってのけていたのは、事実だ。

ただ、そうだとしても、北条さんの人生に苦痛を与えるF子さんやB美さんのようなメンヘラ女性を、わざわざパートナーに選ぶ必要はないのではないか？　すると北条さんは、「奇抜な人、メンヘラ要素のある人を自分で選んで探してるんじゃないかと言われれば、そうかもしれません」と前置きして、こう言った。

「僕が出会うメンヘラ女性は自分勝手でだらしない。だから自分勝手でだらしない、自由気ままに生きている僕とは〝お互い様〟。なのでメンヘラ女性は僕という存在を許容してくれるんです。

A子は気が強い人だったけど、普通の思考の人。普通の時間に旦那さんが帰ってきて、ちゃんと稼ぎを入れて、仲むつまじく暮らしたいと考える人。でも僕はそれを叶えてあげられない。自由気まま、自分勝手でだらしない僕を、A子は許容できない。だから離婚するしかありませんでした」

たしかに北条さんはA子さんに嫌気が差した直後、メンヘラのB美さんに気持ちを傾けた。筋は通っている。B美さんに激しい精神的苦痛を与えられた北条さんではあったが、ある見方をするなら、A子さんと暮らしている時よりB美さんと暮らしている時のほうが、北条さんにとっては「抑圧度の低い生活を送れた」と言えるのかもしれない。

●理想は〝ゆるふわメンヘラ〟

とはいえ、パートナーを拘束し、束縛し、抑圧してくる「メンヘラ」も数多い。

「みんなメンヘラを悪者みたいに言いますけど、僕の中ではメンヘラ自体が悪いわけじゃない。メンヘラに凶暴性のある人や相手を束縛してくる人が多いというだけで、凶暴じゃないメンヘラも、束縛しないメンヘラも、わずかにいる。僕はA子との夫婦生活が『違うな』と気づいてからの18年間、執拗《しつよう》にそのわずかを狙ってきたんです。B美もF子も結果的には凶暴でしたが、最初からメンヘラを避けていたら、僕にとって最適な人を逃してしまう。だから、あえて火中の栗を拾い続けてきました。

いま付き合ってる人は、その〝わずか〟です。凶暴じゃない、束縛もしないメンヘラですよ。怒りも苛立《いらだ》ちも、他者に向けないで自己完結してる。彼女は生死に関わる生活習慣上の〝ある問題〟を抱えているんですが、むしろそれは、彼女を支えたいという僕のモチベーションになっている。最高です」

相手の「生死に関わる生活習慣上の〝ある問題〟」が自分にとってのモチベーションになっている。すごいことを、北条さんはさらっと言ってのけた。

「凶暴じゃないメンヘラの中でも僕が一番好きなのが、〝ゆるふわメンヘラ〟です。イメージが湧《わ》きませんか？　〝転んじゃった〟とか言いながら、血だらけで帰ってくるような女子のことですよ。

ゆるふわの〝ゆる〟は、ちゃんと物を考えていないという意味での〝ゆる〟です。考えがゆるい、浅い。言葉は悪いですけど、ただのバカ。頭の悪い女子。僕、頭の良さは女子に求めていないんです。かわいくて、優しくて、僕のことを好きでさえいてくれれば、それでいい。僕のことさえ怒らなければ、彼女自身の〝生きづらさ〟は、僕が支えますから」

正直、ぞっとした。果たしてこれは、「需要と供給」で割り切ってよい事案なのだろうか。

取材を終え、北条さんを見送って席に戻ると、少し前に北条さんの発した言葉が頭で繰り返された。

「〝こうじゃなきゃいけない〟と一度思い込んだら、絶対にそうしないと気がすまない」

おそらく北条さんは、18年間、何ひとつブレていない。著名なサイトやサービスをいくつも立ち上げるカリスマとは、異能者とは、これほどのすごみがあるものなのか。冷房の効きすぎた店内で、戦慄《せんりつ》するしかなかった。

第4章　業《ごう》と因果と応報と

Case #12　滝田浩次

欲しいものだけ欲しい

●近くで匂いをかげるだけでも幸せ

「大学に入学してすぐ広告研究会に入ったんですが、そこで2年生だった1つ歳上の女性に一目惚《ぼ》れしました。それがのちの妻、大島《おおしま》ミドリ（当時19歳）です」

グラフィックデザイナー、アートディレクター（AD）の滝田《たきた》浩次《こうじ》さん（50代）は、若い頃の坂本龍一《さかもとりゅういち》を彷彿《ほうふつ》とさせる白髪交じりのツーブロックに、整えられたおしゃれヒゲ。しかし嫌味で傲慢《ごうまん》な印象はない。

滝田さんの主な仕事は、企業や商品のロゴデザインをはじめとしたCI、新商品のパッケージデザインコンセプト立案、企業のサイト制作など。手がけた企業名や商品名を聞いてみて驚いた。いずれも知名度の高いものばかり。そう、滝田さんは業界内では知る人ぞ知る売れっ子ADなのだ。

滝田さんは1980年代後半に都内の美大を卒業後、印刷物を中心としたデザイナーとして数年活動したあと事務所を立ち上げた。現在は港区《みなと》の仕事場にスタッフ5人を抱えている。

「ミドリは色白で小柄の、ありえないくらい美しい女性でした。ただ、いわゆる雰囲気美人で、写真だけ見てもたぶん伝わりません。家は成城《せいじょう》、親は医者で大学教授。本人はラカン（※筆者注：ポスト構造主義に影響を与えたフランスの哲学者・精神分析家）を読み、ディープなシネフィル（映画狂い）。お嬢様なのにインテリ、金持ちというよりは高貴。近くで匂いをかげるだけでも幸せでした」

ただミドリさんは、在学中からデザイン関連の賞をとりまくっていた3年の先輩と交際しており、広告研究会内でも公然のカップルだった。

「だから僕は、ミドリと横顔が似ている同級生のA子と付き合い始めました」

●彼女を1年かけて退職させる

ネタかと思ったが、そうではないらしい。「後から思い返せば」といった注釈付きでもない。滝田さんは最初から自覚的に「ミドリさんと横顔が似ているA子さん」を彼女にした。

「セックスの時も、A子の顔を見てミドリを想像していました。当時から、女性を人として見ていなかったんです。本当に最低ですね。A子とは当然長続きするはずもなく、卒業前に別れました」

デザイン事務所に入って働き始めた滝田さんは、ボスのお供でついていった企画会社との飲み会で、新人プランナーのB子さんと出会い、つきあい始める。

「B子はミドリほど圧倒的な魅力を備えた女性ではありませんでしたが、映画や音楽の趣味はぴったりだし、性格も合っていました。周囲にも僕らがつきあっていることは知られていて、いずれ結婚するだろうと思われていましたね。ミドリのことはずっと頭にありましたが、卒業後は音信不通でしたから。ああ、このままB子と結婚するんだろうなと考えていました」

ところがB子さんと付き合って3年ほど経過したところで、運命の歯車が回りだす。

「B子が『ねえ滝田君、大島ミドリさんって知ってる？　こないだうちに入社してきた人なんだけど、△△美大の広告研究会にいたっていうから、知り合いかなと思って』と言ってきたんです。僕は激しく動揺しました。ずっと音沙汰《おとさた》のなかったミドリが、B子の会社にADとして中途入社してきたんです」

18歳の時から10年近くその面影を追い続け、「ミドリに似たウエイトレスのいる喫茶店を行きつけにした」というほどミドリさんに惚れていた滝田さんは、「こういう縁だから3人で会おうよ」と言い、ミドリさんと再会する。

「ミドリに惚れていたことは、もちろんB子に内緒です。それで6年ぶりくらいにミドリに会ったら、あいかわらずの美人で……。しかもサークルの先輩とはもう別れているというではありませんか。これは、神様が〝行け〟と言っているんだと思いました。ミドリと結婚しない人生なんてありえない。気持ちは固まりました」

ここで滝田さんは、信じがたい行動に出る。

「僕はB子を1年かけてその会社から辞めさせました。そのうえでB子に別れを切り出し、改めてミドリに言い寄ったんです」

滝田さんはB子さんに、「今の会社は給料が良くないし、勤務時間も長いし、競合の△△社が募集してるから、受けてみなよ」とじっくり時間をかけて吹きこみ、B子さんが自発的に転職活動するよう、仕向けたのだ。それに要した期間が1年というわけである。

「B子とミドリは仲が良かったので、B子がその会社に所属しているままでは、仮にB子と別れたとしても、ミドリに言い寄ったところで『え……、だって滝田君、B子さんとつきあってたじゃない……』となる。これは絶対に避けたかったんです。僕はなんとしてでもミドリを手に入れたかったので、念には念を入れ、万全を期したわけです」

その周到さと情熱が実を結び、ふたりは交際をスタート。なんとその1年後に結婚してしまう。滝田さん30歳、ミドリさん31歳。まさかの急展開である。

●結婚は〝自慢げなアガリ〟

10年来の女神《ミューズ》をついに伴侶《はんりょ》とした滝田さん。ところが驚くべきことに、結婚後間もなく、別の女性と関係を持つようになる。

「ミドリとの結婚は、僕にとって〝自慢げなアガリ〟だったんです。結婚した時、大学時代の広告研究会の人たちには激震が走ったそうで、いやあ、愉快でしたね。〝あのポンコツ滝田が、ミドリさんと結婚!?〟って。それが気持ち良くて、僕の汚い心はそれで満足しちゃったんです。〝最上級の女〟をゲットしたことで、僕のランクが上がった、ミッションコンプリート。僕は最低の人間です」

滝田さんは結婚してすぐ独立し、神宮前に小さな事務所を借りた。当時は〝気が狂うほど〟忙しく徹夜続きだったそうだが、ことあるごとに事務所に女性を連れ込んだ。しかも、多い時は同時に3人と浮気していたという。

「当時はミドリのほうも浮気していたのがバレバレでした。『友達と朝まで飲んでた』とか言って朝8時過ぎに帰ってくるんですけど、当時は渋谷から駅4つしか離れていない学芸大学のマンションに住んでいたので、都内なら始発に乗れば、どんなに遠くてもいいとこ6時台には帰れるはず。お互い叩《たた》けばホコリが出る関係でしたが、子供もいなかったし、互いの生活には干渉しない主義だったので、波風は立っていませんでした」

なぜ離婚しなかったのか。

「ミドリがいい女であることに変わりはないので、一緒に歩くぶんには僕のプライドが満たせるんです。女性をモノ扱いですね。ええ、わかってますよ。僕は最低の人間ですから」

結婚７年目には息子が生まれた。滝田さんに子作り願望はなかったが、ミドリさんが強く望んだため、「折れた」形だそうだ。ただ、父親としての義務は果たしたと滝田さんは言う。

「事務所のソファベッドで浮気相手とナニはしていましたが、朝にはちゃんと自宅に帰って息子を保育園に送り届けていましたよ（笑）。息子はやっぱり無条件にかわいいですから」

ところが息子さんが３歳を迎える頃、滝田さんはある仕事先で聡子《さとこ》さん（当時24歳）という女性に出会う。

●体重８kg減、パニック障害……

「僕は聡子に出会うまで、ミドリがこの世でいちばん綺麗な女性だと思っていたんですが、完全にひっくり返りましたね。ミドリは雰囲気美人でしたが、聡子は正真正銘の美人。ミドリは痩《や》せぎすですが、聡子は肉感的で超がつくほどエロい。淡白なミドリに対して聡子は性欲旺盛《おうせい》。当時41歳のミドリに対して聡子はまだ24歳。……僕、本当に人間として最低ですよね」

滝田さんの口から「最低の人間」が何度も繰り返される。やや、耳障《ざわ》りに。

他の浮気相手をすべて切り、聡子さんに一本化して入れ込んだ滝田さんは、聡子さんと1年ほど不倫を続けるが、耐えられなくなった聡子さんは滝田さんに「これ以上は続けられない」と告げた。滝田さんはそこでミドリさんとの離婚を決意する。

「こんな最高の女を抱けるんだったら、妻と子供なんてどうでもいいと思ったんです。この女を失うくらいだったら、ミドリにどれだけ慰謝料を払ってもいいし、どれだけ莫大《ばくだい》な養育費を払ってもいい。聡子が僕に体を開いて『好き』と言ってくれるなら、僕の人生どうなってもいいやって」

ただ、聡子さんは滝田さんに「あなたが離婚したら結婚する」とは確約しなかった。しなかったにもかかわらず、滝田さんはミドリさんに離婚を申し出る。

「強力な弁護士を雇って、ミドリを徹底的に悪者に仕立てました。彼女がちょっとだけ口にした将来の不安を、あたかも僕の人格を否定したみたいに拡大解釈したり。ただ、彼女もハイステータスな実家のパワフルな弁護士コネクションがあるから、簡単には引き下がらない。結局、離婚が成立するのに1年半かかりました」

滝田さんは心労で体重が8kgも減り、パニック障害の症状も出た。しかし、それは離婚闘争のストレスではなかったという。

「その1年半の間に聡子に新しい彼氏ができて結婚しちゃったら、僕のやっていることはすべて無駄になるわけじゃないですか。だからすごい博打《ばくち》だったんです。ストレスで死ぬかと思いました（笑）」

倫理的にはありえない行動だが、一応「順序」は守り、「筋」は通している。ある意味で律儀だ。ミドリさんにアプローチするため、1年計画でB子さんを退職させたエピソードが、どことなく重なる。晴れて離婚した滝田さんは、代々木上原《よよぎうえはら》の低層高級マンションで聡子さんと同棲《どうせい》をはじめた。

●「牛」がすべてを破壊した

「互いに自立したままの気ままな2人暮らしが快適だったので、聡子とは結婚しないまま同棲を続けていました」

当時の滝田さんは事務所を神宮前から表参道《おもてさんどう》に移し、経済的にもかなり満たされていた。

「ただ、聡子が30歳を過ぎた頃から結婚したいという意思を示し始めたんです。5年以上も同棲してりゃ、当然ですよね。僕としては、結婚しても生活は特に変わらないだろうから別にいいかと思い、そのタイミングではじめて、彼女の実家がある東北の某県にふたりで行きました。結婚を念頭に置いた両親への顔見せです」

しかし新幹線の駅を降り、在来線とバスを乗り継いで聡子さんの実家に到着した滝田さんは呆然《ぼうぜん》としたという。

「牛がいるんですよ！」

聡子さんの実家の隣に牛小屋があったのだ。そして驚くべきことに、滝田さんはこの「牛」のせいで、聡子さんと破局したのだという。

「だって、牛ですよ？　繁殖用の牛って見たことありますか。顔がこーんなに大きくて（と手振りで見せる）、モーッて鳴くんです」

正直、滝田さんが一体何を言っているのかわからなかった。実家の隣に牛がいるから、彼女と別れる？　意味がわからない。

「生理的に、無理なんです……」

聞くと、生まれも育ちも東京の滝田さんは、昔から「のどかな田舎の風景」「自然豊かな山間部」「ひなびた雰囲気の温泉地」などが苦手だったという。旅行で訪れた日本人の多くが「ああ、いいねえ」と口にし、大半の人が癒《い》やしや和《なご》みを見出《みいだ》すこのような空気を、彼は生理的に受け付けないのだ。滝田さんは、山と田んぼしかなく、夜は明かりが一切灯《とも》らない聡子さんの生まれ故郷を、はっきりこう形容した。

「地獄です。こんなところで人間が生きてるなんて、信じられない。特に牛は無理……」

かなり偏《かたよ》った感性である。が、そうだとしても、別に滝田さんがこの地域に移り住んで自然に囲まれ、生活圏内に牛が入ってくるわけではない。聡子さんと結婚して実家に帰省するにしても、年に一度来るかどうかではないか。その時に一瞬視界に入るだけの「牛」を、なぜそこまで嫌うのか。

「年1でここに来るのも無理だし、牛という属性につながっている聡子を受け入れることはできないとも思いました。彼女は、僕が地獄だと思うあの風景、あの環境、そして牛という存在に馴染《なじ》んでいる。彼女は〝これ〟が普通だと受け入れている。それが……無理でした」

●名状しがたい不快

この時点で取材開始から3時間ほど経過しており、滝田さんは深酒《ふかざけ》によりかなり酩酊《めいてい》していた。酔っ払って混乱しているのか、何か別の理由を隠しているのか。そう思って、しつこく五度も六度も聞いてみたが、滝田さんは「だって……牛ですよ⁉」「牛は無理です……」と、オウムのように繰り返すだけ。

「ミドリと息子を捨ててもいいと思えるほど聡子が好きだったたし、愛はもちろん冷めていなかった。行きの新幹線では結婚の挨拶《あいさつ》の練習もしました。でも……」

東京に戻った聡子さんは、結婚の話を父親に切り出さなかった滝田さんに激しく怒りをぶつけた。

「僕は牛のことを話しましたが、理解してくれるはずもありません。聡子とは、その後しばらくして別れました。あの時のことは今でも後悔していますが、でも、やはり無理でした」

滝田さんはついに最後まで「無理」以上に説明してはくれなかった。インタビューを終える間際に発された滝田さんの言葉が思い出される。

「聡子と出会ってからの7年が、牛で全部ひっくり返りました。聡子の実家と縁戚《えんせき》関係になるのは無理です。聡子のルーツを完全否定した僕は、人間として最低です」

名状《めいじょう》しがたい、すべてを台無しにする不快。理屈や論理では組み伏せられない、極めて主観的な不快。〝それ〟と自分がつながっていると思うだけで、悪寒《おかん》が走るほどの圧倒的な不快。心の深淵《しんえん》に鎮座《ちんざ》する、どす黒い違和感。滝田さんは齢《よわい》50に近づいてはじめて、自分の内にある〝名前のない怪物〟に気づいたのだろうか。

滝田さんは現在も独身。毎月、莫大な額の養育費を支払っている。


【書籍版・追記】

本エピソードはWEBに初出時、他のエピソードとは異なる種類の反響が多数寄せられた。

「なぜ〝牛〟が決め手なのか、まったくわからない」「私にも〝牛〟的な存在がある。それが何かは誰にも言いたくない」「実は滝田さんに共感できる。ただ、理由がうまく説明できない」「不条理文学を読んでいるかのよう」等々。

おそらく滝田さんは鋭敏かつ誠実すぎる人間である。自分の中に生じた小さな不快や違和感を、見て見ぬふりをすることができない。大変な苦労をして手に入れたミドリさんが傍《かたわ》らにいても、「それ以上の存在（聡子さん）」を見つけたとたんに色褪《いろあ》せてしまう感性の持ち主だ。

しかも、滝田さんはある意味で過剰に律儀だ。ミドリさんと結婚するために1年計画でB子さんを退職させ、聡子さんと同棲するために1年半かけてミドリさんと離婚した。いずれも物事の順番、筋を通している。

この誠実さと律儀さは、滝田さんの人間的魅力そのものでもある。

これは推測だが、高嶺《たかね》の花だったミドリさんが滝田さんとの結婚を了解した理由も、聡子さんがミドリさんとの離婚劇を知っていながら1回り以上も歳上の滝田さんと同棲に踏み切った理由も、滝田さんに圧倒的な人間的魅力があったからだろう。

滝田さんが売れっ子として引く手あまたな理由もそれだ。デザイナーとして鋭敏で誠実、そして律儀。そんな人に仕事が舞い込まないはずがない。

滝田さんほど鋭敏で誠実で律儀ではない、筆者を含む多くの凡人は、滝田さんほど仕事の成功を収めることができない。その代わり、我々にとっての〝牛〟、すなわち〝名前のない怪物〟の存在には気づかずに済んでいるのだ。幸いなことに。

Case ＃13　片山孝介
離婚してよかった

●吃音で「自分の思い通りにならない」

待ち合わせ時間の直前、片山孝介《かたやまこうすけ》さん（43歳）は筆者のスマホに「初対面なのにニット帽姿ですが、すみません」と丁寧なメッセージを送ってきてくれた。第一印象は、礼儀正しく、腰が低く、誠実な人。やや神経質そうではあるが、とっつきにくくはない。黒縁メガネにうっすら生え揃ったヒゲがよく似合う。横浜《よこはま》市内のＩＴ企業に勤める、ソフトウェア開発者だそうだ。

挨拶と軽い世間話を交わしたあと、片山さんは告白した。

「僕は小さい頃から〝どもり〟、つまり吃音《きつおん》に悩まされてきました。特に自分の名前を言うのが苦手で、〝か、か、か、か、片山です〟となってしまうんです」

まったく気づかなかったと伝えると、今では相当改善されたという。どれほど努力して克服したのだろう。

「僕は吃音も離婚の遠因だと考えているので、申し訳ないんですが、僕の小さい頃の話から聞いていただけますか？」

もちろんですと答えると、片山さんは話しはじめた。緊張気味なのか、鼻先にうっすら汗をにじませながら。

「出身は北関東・某県の田舎です。父はサラリーマン、母は専業主婦、妹がふたり。僕は吃音のせいで、小学生の時から学校でいじめられていました。中学では親しい先輩が僕のことを守ってくれたので大丈夫でしたが、高校は再び地獄。毎年新年度の自己紹介が本当に苦痛で。第一声の『か、か、か、か……』で、クラス中が露骨に『アレ？　何こいつ？』という視線を向けてくるんです。

ですから学校では常に引け目を感じていました。誰かと積極的にコミュニケーションを取ったり、自己主張をしたりという気持ちになれないんです。仕方なく、クラスのイケてない小グループに所属して地味な高校生活を送っていました」

学校で溜《た》まった鬱憤《うっぷん》は、家で晴らしていた。

「うまく話せなくて自分を出せない。そんなもどかしさから来るストレスを、親への暴言や妹への暴力で解消していました。妹にゲンコツで当たり散らしていたんです。ひどい兄でした」

高校は地域の進学校。しかし吃音のせいでクラスに馴染めない片山さんは、次第に学校をサボるようになる。そのせいで受験勉強もおろそかになってしまった。

「本当は国公立大学に入りたかったんですが、学力が追いつかない。それで一浪して関東地方の私大に入学しました。就職活動も大苦戦しましたね。吃音が治らなかったので、自己紹介から始まる面接は全然ダメ。当時は就職氷河期でもありましたから、なおさら厳しかったです」

ただ、浪人時代や大学時代は明るくすごせたという。

「予備校や大学の人間関係って、高校までほど四六時中べったりじゃない。クラス単位で行動することなんてありませんし、参加したい時に参加したいことだけ参加すればいい。同調圧力もない。のびのびできて、とても楽《らく》でした」

片山さんは、大学時代にある悟りを得る。

「僕は『自分を出せない』『思い通りにならない』状況に対して、普通の人よりずっと強いストレスを感じる人間なんだと気づきました。吃音によって自分を出せなかった高校時代、あれほどまでに家族に当たり散らしてしまった理由はそれだったんだと」

●「思い通りにならない」会社と結婚生活

大手通信会社の子会社にエンジニアとして、なんとか入社が叶った片山さんだったが、7年目に心労がたたって鬱気味になり、休職を余儀なくされる。片山さんが言うように「思い通りにならないことに対して、普通の人よりもストレスを感じやすい」からだ。会社組織とは、えてして個人の思い通りにはならない。

「無茶な要求をしてくるクライアントや上司に対して、どうしても我慢できずに強く言ってしまうんです。普通の人ならもっと我慢できるんでしょうが、僕には無理でした。その反動で関係がギクシャクして、ますます居心地が悪くなる。悪循環でした」

結局片山さんはその会社を辞め、転職して今の会社に入社する。そして30歳の時に参加した合コンで、銀行窓口勤務の由香《ゆか》さん（当時29歳）と出会い、すぐに交際をスタート。約8ヶ月で結婚する。２００８年のことだ。

「由香には迷惑な話なんですけど、当時は『次に付き合う人と結婚しよう』と先に決めてたんです。だから早かった。仲間由紀恵《なかまゆきえ》似の顔も好みでしたし」

しかし結婚してすぐ、片山さんは由香さんに不満を抱きはじめる。

「ゴミの捨て方とか、すぐに『でも』『だけど』といったネガティブな言い方をするところが、すごく嫌でした」

　ここでゴミの捨て方の何が気に入らなかったのかを聞いてみたが、片山さんから具体的な説明は出てこない。

「たかがそんなことで、と思われるでしょうね。でも、移った会社でもやっぱりストレスを溜めまくっていたので、帰宅して家の中や妻の言動が僕の意に沿わないものだと、どうしても……イライラしてしまうんです。自分ではどうしようもなくて」

　ここにも「思い通りにならないことに対して、普通の人よりもストレスを感じやすい」片山さんの気質が現れている。

●叶わなかった人生を夫に託した妻

　なかでも片山さんが一番許せなかった由香さんの言動が、片山さんを他人と比べることだ。

「由香の友達がある鉄道会社に勤めていたんですが、そこの福利厚生はものすごくしっかりしていて、給料もいい。それで僕に『その鉄道会社に転職したら』って言うんですよ。半分は冗談ですが、半分は本気。それがすごく不快で、何度もやめてほしいと言ったんですけど、やめてくれませんでした」

　片山さんは「もしかすると由香に悪気はなくて、僕が勝手に不快だと感じてただけかもしれませんが……」と付け加えつつ、由香さんの言動をこう分析した。

「由香は10代の頃にバセドウ病を患《わずら》っていました。バセドウ病は甲状腺《せん》ホルモンが過剰に作られる病気で、罹患《りかん》すると倦怠《けんたい》感に襲われますし、人によっては精神も不安定になる。それで勉強に集中できず、不本意な高校にしか行けなかったと言っていました。それで……これは僕の考えすぎかもしれないですが、由香は思い通りにならなかった自分の人生を、僕に託して代わりに叶えようとしているように感じたんです」

吃音で思い通りの進路に進めなかった片山さんと、バセドウ病で思い通りの進路に進めなかった由香さん。どこか、似ている。

●鬱で二度目の休職、そして離婚

結婚して数ヶ月後に、片山さんはまたも鬱を発症する。理由は前の会社と同じく、人間関係の軋轢《あつれき》。加えて、当時は月に400時間も働いていた。心身ともにボロボロになった片山さんは、またも休職する。

「当初は病気による有給扱いで給料は満額もらえていましたが、何ヶ月か経ったところで傷病手当に切り替わり、給料が6割くらいに減りました。それで僕の給与明細を見た由香が、明らかに不安を態度に表しはじめたんですよ。何度も聞いてくるんです。『ねえ、いつ復帰するの?』って」

鬱で休職中の人には、一番言ってはいけない言葉だ。

「彼女は心療内科の初診にも同行していて、復帰時期を聞くのは絶対NGだと医者から釘《くぎ》を刺されていたのに……。不安でたまらなかったんでしょうね。僕は頼むから言わないでくれと懇願したんですが、しばらく経つとまた言ってくる。その繰り返しで……」

由香さんが不安を口にする理由を、片山さんはこう推測する。

「僕は休職直後、ソファに座って空《くう》を見ていたら、いつの間にか1日が終わるような日々をすごしていました。でも少しだけ回復すると、出勤や遠出は厳しいものの、軽い散歩やゲームで気を紛らわす程度のことはできるようになったんです。

ところが由香から見れば、朝出勤する時にゲームをしている僕が、帰ってもまだゲームを続けている。怠けているだけの人に見えたんでしょうね。この人、人間的にダメなだけなんじゃないか？　実はもう仕事に復帰できるんじゃないか？　そんな不信感が顔に書いてあるようでした。由香としては、僕が1日中床に臥《ふ》せっているほうが、まだ納得できたんだろうと思います」

由香さんは片山さんに対して不信感を抱き、片山さんは由香さんの不信感に苛立《いらだ》ちを隠さない。夫婦関係はどんどん悪化していった。

●離婚は〝円満〟だった

「当時の由香は由香で、ストレスを抱えていました。僕が休職した少し後に異動の辞令があり、今まで通勤1時間圏内だったのが、片道2時間もかかる支店勤務になったんです。通勤経路は私鉄を3本乗り継ぐんですが、どれも朝と帰りの通勤ラッシュが尋常じゃない路線でした。ヘトヘトになって帰宅したら僕がソファでだらだらしているし、そりゃ『いつ復帰するの？』とも言いたくなりますよね」

夫婦お互いの存在がお互いにとって一番のストレス元《もと》という、最悪を絵に描いたような状況。たまらず、ふたりは別居することにした。由香さんが、両親の住む都内の実家に戻ったのだ。由香さんの実家のほうが新しい勤務地に近かったことも、別居を後押しした。

別居中、片山さんは8ヶ月ぶりの職場復帰を果たす。しかし夫婦関係は改善せず、由香さんがマンションに戻ればまたケンカばかり……という日々が続いた。そのうち由香さんが頻繁に「離婚」を口にするようになり、2010年に離婚。約2年半の結婚生活が幕を閉じた。

「こう言ってはなんですけど、離婚自体は円満でした。子供はいませんでしたし、貯金はきっちり半々に割って、慰謝料などもなし。結婚前に僕名義で買っていたマンションは、由香が出ていった後もそのまま僕が住み続けました。何人かの友人からは『そんな理由で離婚するの？　もっと話し合いなよ』とも言われましたが、僕も由香も完全に納得していたので」

しかし、ここまで聞いても、片山さんが由香さんのどこに魅力を感じて結婚したのかが、一向に見えてこない。「次に付き合う人と結婚しようと決めていた」「仲間由紀恵似の顔が好みだった」。それ以外は？　そもそも、由香さんは片山さんに何を求めていたのだろう？　どうすれば由香さんは満足したのか？　しかし、その質問に片山さんは「わかりません」を繰り返す。ややあって、片山さんは口を開いた。

「僕、離婚した直後に、人間がなんのために生きているのか、わからなくなった時期があったんです」

筆者はそこではじめて気づいた。片山さんは左手の薬指に「指輪」をしている。

●妻と飼っていた犬のこと

「人間がなんのために生きているのか。今でもその答えはわかりませんが、もしかするとこのためなのかな？って思えた瞬間は何度かありました。そのひとつが、由香とマンションの部屋で飼っていた犬のことです。

その犬は僕が鬱で１日じゅう家にいた頃、毎日のように由香の帰宅時間を見計らって玄関で待っていました。離婚後は僕が引き取ることになったんですが、引っ越し屋が由香の家具を部屋からどんどん搬出していくのを見て、明らかに戸惑った顔をしてるんですよ。『ええっ？　どうしたの？　なんなの？』って。しかも、由香が出て行ってからも、帰るはずのない由香を毎日玄関で1時間くらい待ってるんです。それがつらくて、つらくて……」

片山さんの声に熱がこもる。

「犬と2人きりの生活になってからも、僕はあいかわらず会社でストレスを溜めていました。離婚したって何も変わらない。仕事はあいかわらず思い通りにはならない。イライラして、どうしようもなくなって帰ってくると、犬はどうしたって動物ですから、なんやかやと思い通りにはなりません。さらにイライラを募らせていました。

ある朝、出勤前に犬がちょっとした粗相《そそう》をしてしまいました。僕は必要以上に怒ってしまい、感情に任せて思わず彼をつねったら、僕のことをものすごく怖がって、その場でさらに脱糞《だっぷん》しちゃったんです。それで僕、さらに腹が立って、お前の責任だからな！と吐き捨てて、片付けないでそのまま出てきてしまいました。

家を出てから本当に後悔しました。高校時代、学校での鬱憤を妹に当たって晴らしていた自分から、何も成長していない。心底、自分が嫌になりました」

その日の夜、家に帰った片山さんがおそるおそるドアを開けると、犬は糞まみれの汚い部屋から彼のもとへ、目一杯しっぽを振りながら一目散に駆け寄ってきた。

「あんなにひどい仕打ちをしたのに、すごく嬉《うれ》しそうで。僕、泣いてしまって。ごめんごめんって、何度も彼に謝りました」

●人は他者といることでしか幸せを感じられない

ひどい仕打ちをした自分に対して、犬が何事もなかったかのように愛情を示してくれた。心を打たれた片山さんは、あることに気づいたという。

「僕はこの子がそこにいるというだけで幸せな時間をもらっている。誰かと一緒にすごす時間というのはとても大切で、かけがえのないものなんだと気づいたんです。同時に、自分の感情的な行動を反省しました。この子は自分がいないと生きていけないし、自分が守ってあげなければならないのに、僕は一体なにをやっているんだと」

自分もこの犬と同じ。ひとりで生きているわけじゃない。家族や友達や同僚とすごすことで、一緒に大切な時間を生きている。そして彼らから支えられている。犬との一件でそれを実感した、と片山さんはしみじみ語った。

「僕、離婚してすぐ、妹にLINEで『なんのために生きてるのかわからない』って、切羽《せっぱ》詰まったメッセージを送ってしまったことがあるんです。送った直後に彼女から電話がかかってきました。すごく心配してくれていて……。彼女は、かつて僕に鬱憤晴らしで暴力を振るわれた被害者なのに……。ありがたくて、泣きそうになりました。

僕はひどい兄だったけど、家族として妹と一緒にすごした時間に意味はあったんです。電話を切って、こういうことで幸せを感じるために人は生きているのかもしれない、と思いました」

片山さんの言葉に筆者も感傷的になったが、同時にある矛盾も感じた。片山さんはこの取材で再三、「自分は思い通りにならないことに対して、普通の人よりもストレスを感じやすい人間だ」と言っていたが、一緒にすごす〝他者〟ほど思い通りにならない存在はないのではないか。実際、そのせいで片山さんは職場を休職し、由香さんとも離婚した。にもかかわらず、「誰かと一緒にすごす時間が大切」とはどういうことなのか？

そんな疑問を投げかけると、少し考え込んだ片山さんは、こんな話をしはじめた。

「僕、昔はものすごいゲーマーだったんですよ」

●雨を楽しむ

中学高校時代はゲームセンターに通いまくり、『ストリートファイターII』シリーズや『バーチャファイター』シリーズなどの格闘ゲームに散々はまったという片山さん。家ではスーパーファミコンやプレイステーションなどの家庭用ゲーム機で、各種ＲＰＧからサッカーゲームまで浴びるようにゲーム三昧《ざんまい》。社会人になってもゲーム熱は続いた。

「ただ、唯一やらなかったのが、オンラインゲームです」

要はインターネットにつないでプレイするゲームである。ネット上の見知らぬプレイヤーと対戦したり、パーティーを組んで冒険したり。昨今の流行《はや》りは「オープンワールド」と呼ばれるタイプのゲームで、ネット上に構築された広大な空間を自由に動き回れるほか、その瞬間にログインしている別のプレイヤーとチャットで交流できるものもある。仮想空間上に「街」や「コミュニティ」が存在しているわけだ。

しかし、片山さんはそれが〝不快〟だったという。

「ゲームって自分が楽しむためにやるものだから、他人の邪魔が入ってほしくないんです。黙々と鍛錬して技を磨いたり、じっくり腰を据えて攻略法を練ったりしたい。オンラインゲームは自分の進行が他プレイヤーの存在によって影響を受けるじゃないですか。それがとても不快で」

あらかじめプログラムされたイベントや課題をこなすだけでなく、現実に会ったことのないプレイヤーともコミュニケーションが取れる。それこそがオンラインゲームの醍醐《だいご》味《み》であるはずだが、片山さんにとっては苦痛でしかなかった。オンラインゲームで構築される空間は、片山さんが辛酸をなめた「学校」や「職場」そのものだからだ。

「仕事にしろゲームにしろ、誰かに急《せ》かされたり、促されたりすることなく、自分ひとりでじっくり計画を立てて遂行していくのが好きなんです。だから僕はスタンドアローンのゲームしかやりませんでした」

スタンドアローンとは、ネットにつながっていない、目の前のゲーム機とモニタで完結している状態のことである。実際、片山さんはＲＰＧの有名作『ファイナルファンタジー』シリーズのファンだが、オンライン対応作である11作目と14作目には食指が動かなかったという。

「ただ、ここ数年はほとんどゲームをやっていません。代わりに、離婚後に新しい趣味ができました。キャンプです」

意外だった。自然を相手にするキャンプは、かなり「思い通りにならない」はずだ。急の雨でバーベキューが台無しになることも、当てにしていた川魚が1匹も獲《と》れないことだってある。

「ですよね（笑）。テント設営場所に行ってみたら、とてもテントを張れないようなぬかるみだった……なんてこともありました。僕も最初は不測の事態をすごくストレスに感じていたんです。ただ、僕をキャンプに誘ってくれた友達がすごく尊敬できる人で、雨で鬱々していた僕にこう言ったんです。雨が降ったら、雨が降ったなりの楽しみ方をしようよ、って」

●人は変わる

片山さんは、取材がはじまってから一番良い笑顔をして言った。

「実は、昨年5月に再婚したんです」

離婚から8年を経ての再婚。パートナーは沖縄出身で、細かいことを気にしない鷹揚《おうよう》な妻ですと説明してくれた。

「今の妻と一緒に旅行に行った時、現地で雨に降られてしまったことがありました。僕は、旅行をする際は事前に立てた綿密な計画に従うタイプだったので、結構テンションが落ちていたんですが、彼女は僕に言ったんです。『雨でもできることをやればいいじゃん。せっかく旅行に来てるんだから、楽しもうよ』って」

今の仕事や日々の生活で「思い通りにならないでストレスを溜める」ことはないのだろうか。

「もちろんありますが、ある時、妻が僕の気が晴れるように、陰ですごく努力してくれていることに気づいたんです。おいしいお店があるよと外に連れ出そうとしてくれたり、ネットで見つけたおもしろい情報を送ってくれたり、会社であったことをおもしろおかしく話してくれたり。

僕が外で溜めてきたストレスはそう簡単に解消されないけど、妻は僕のために毎日こんなに努力してくれている。そう思うと、なんというか……すごく救われた気持ちになるんですよ。月並みですが、ああ、幸せだなあって」

「月並みだけど幸せだ」と口に出して言える。それ以上の幸せが、この世にあるだろうか？

「破綻《はたん》はしましたが、由香との結婚生活がなければ、僕は今でも自分のストレスを他人への攻撃でしか解消できない人間だったでしょう。雨が降れば不機嫌になる人間だったでしょう。由香にはとても申し訳ないことをしましたが、あの結婚生活は無駄ではありませんでした。由香と結婚して良かったし、離婚して良かった。離婚したことで、人間がなんのために生きているのか、おぼろげながら、わかったような気がします」

片山さんは帰り際、パートナーが妊娠中だと教えてくれた。

「子育てほど思い通りにならないことなんて、ありませんよね。僕なりに覚悟はしています。妻や生まれてくる子供と毎日一緒にいられるのなら、それ以上望むことはありません。僕はこの幸せを、絶対に手放したくない」

人は変わる。無駄な結婚も無駄な離婚もない。片山さんは自らの人生でそれらを証明して見せたのだ。取材をはじめた時、片山さんの鼻先にうっすらにじんでいた汗は、いつの間にか乾いていた。

あとがき

「ぼくたちの離婚」の連載を決めてくれた担当編集者と編集長（いずれも女性）の言葉が忘れられない。

「女の離婚話はよく聞くが、男の離婚話はあまり聞かない」

つまりこういうことだ。女性が同性同士で愚痴まみれの離婚話を語ることはよくあるし、女性の離婚経験者によるルポやエッセイもよく見かける。しかし、男友達からの離婚話はとんと聞かない。男が離婚について赤裸々な気持ちを綴《つづ》った文章も、あまり見かけない。だから「離婚した男たちが腹の底ではどう思っているのか」は、女性として実に興味を惹《ひ》かれるのだと。

たしかに、と思った。

男は男同士でも、いま離婚危機で大変なんだとか、離婚してつらいという愚痴話をほとんどしない。かなり親しい友達同士でも、話そうとしない。久しぶりに会って近況を聞いたら、

「実は離婚したんだよね」と事後報告されることも少なくない。

なぜ男たちは自らの離婚を語らないのか？　おそらく今の日本社会では、離婚した人間に対する見られ方が男女で異なるからだ。

離婚した女性は「被害者」、離婚した男性は「甲斐性《かいしょう》なし」。それがざっくり言って日本の社会から当事者たちが貼られるレッテルだ。そして、「被害者」はその体験を語ることによって「被害報告」が成立するが、「甲斐性なし」の語りは「恥の上塗り」にしかなりえない。つまり日本の男性にとって離婚とは――それがいかにやむにやまれぬ事情であったとしても――基本的には「恥」なのだ。

しかし、離婚した男性にも言い分《ぶん》はある。その言い分をすくい取る器としての役割を「ぼくたちの離婚」は担っていたと、連載時の反響から察知した。

「女子ＳＰＡ！」連載時、大半の回がＹａｈｏｏ！ニュースに転載され、数百から、時に１０００以上のコメントがついた。

ＷＥＢ記事ではＰＶ面で不利になる分割掲載（１人の取材者のエピソードを、２～３回に分けた連続シリーズとし、１週間間隔で公開）の形をとることもあったが、担当編集者から興奮気味に「荒れがちなＹａｈｏｏ！のコメント欄で、〝次回が楽しみ〟と書かれているのを初めて見ました！」と報告されたこともある。

そのコメント欄では、丁々発止の議論が繰り広げられていた。「男がダメすぎる」「妻がかわいそう」「妻がひどすぎる」「旦那《だんな》がかわいそう」といった直情的な意見のほか、夫《おっと》や妻の〝育ち〟に問題があったと分析する者、結婚前に相手の欠陥に気づけなかった愚かさを糾弾する者、その糾弾者に対して「それは結婚したことのない人の意見だ」「人は結婚すると変わるので、前もって見極めるのは無理」と反論する者など。もちろん、そこに正解などない。


書籍用として新規に対談してもらったCase #09の河村仁さんとCase #10の渋井悟さんの話を聞いていて、不思議に思ったことがある。筆者は過去さまざまな方から「妻の暴虐《ぼうぎゃく》エピソード」を聞いているが、それらが奇妙なほど類型的なのだ。対談中、「それにそっくりの話、別の方からも聞いたことがあります」と、筆者は何度も口を挟んだ。

WEB連載時、妻の「メンヘラ」を扱った回（「まえがきに代えて」に書いた事情により書籍収録されていない）のYahoo!コメント欄にも、「同じような経験をした」「元彼女がそうだった」「自分の周囲にもこういう女性がいる」といった共感の書き込みが多く見受けられた。筆者の友人や仕事仲間からFacebookのDMやLINEなどを通じて、「心当たりがある」「まさに自分の妻がそうだった」とこっそり告白されたのも、一度や二度ではない。しかも、凄惨《せいさん》なエピソードであればあるほど共感度が高かった。

渋井さんの言葉を借りるなら、「ぼくたちの離婚」は、男性版の「#MeToo」なのだ。どんな特殊な身の上話も、我々と完全に無関係であるとは言えない。一見して常軌を逸したパートナーの奇行も、よくよく話を聞けば我々からそれほど遠い話ではない。そのモヤモヤした普遍性のようなものの一端が、拙稿《せっこう》から伝われればと思う。


ここからは、やや偏《かたよ》った筆者の私見である。

明らかに夫婦関係が破綻《はたん》しているにもかかわらず、離婚をためらう人たちがいる。彼ら・彼女らの主張はこうだ。

「せっかく今まで何年も頑張ってきたのに、離婚したらそれが全部無駄になる。だから、もうちょっと頑張ってみたい」

間違いである。

株式投資の世界における「損切り」という言葉をご存知だろうか。未来永劫《えいごう》上がる見込みのない株式を、損失が最小限のうちに売ってしまうことだ。

「せっかく今まで我慢して持っていたのに、ここで売ったら損をする」。そう主張する人ほど、株では失敗する。いつまでたっても株を売れず、損失額がどんどん膨らみ、よりいっそう身動きが取れなくなるからだ。

見込みのない株は、1秒でも早く手放したほうがいい。同じように、修復の可能性が見えないパートナーとは、1日でも早く離婚したほうがいい。

いつか関係が修復できるかもしれないって？　人生は〝時間的に〟有限なのだ。いつ好転するかわからない状況などに、有限の人生を賭《か》けることなどできない。1分1秒ごとに我々の心身は衰え、感性は鈍り、再出発の障害となる。時間がないのだ。

だから、苦渋の決断で離婚を選択した本書の取材対象者たちに、筆者は声を大にして言いたい。

あなたたちのその選択は正しかった。

社会が、世間が、元配偶者が、どれだけあなたたちをなじろうとも、筆者はあなたたちの選択を尊重する。人生が有限であることに気づき、身を切る思いで「損切り」した勇気を心から称賛したい。

本書は多くの方の尽力によって完成した。

企画立案時から相談に乗ってくれた「バツイチ会」の皆さん。

初対面の飲み会で話した企画を速攻で編集会議に提出し、連載にこぎつけてくれた「女子SPA!」の担当編集・辻枝里《つじえり》さんと、増田結香《ますだゆか》編集長。

書籍化を応援し、実際に動いてくれた知己《ちき》の編集者たち。

書籍化を実現してくれたKADOKAWAの菊地悟《きくちさとし》さん。

連載時、毎回すぐさま感想をくれた友人諸氏。

なにより、世間的には「恥」である自身の離婚について赤裸々に語ってくれた取材対象者の彼らに、最大級の感謝を捧《ささ》げたい。


取材をしていて一番嬉《うれ》しかったのは、原稿チェックのために後日連絡を取った取材対象者たちが、口々に「離婚の原因が改めて整理できた」「自分を見つめ直す良いきっかけになった」「話したことで初めて見えてきたことがある」などと言ってくれたことだ。インタビュアー冥利《みょうり》、書き手冥利に尽きる。

そのうち何人かは、筆者からの感謝の意に対して、まったく同じ言葉を返してくれた。

「供養になれば、なによりです」

供養とは、誰の、誰に対する供養なのか。

最後に、Case #06で花田啓司さんが挙げていた映画『キル・ビル』の監督、クエンティン・タランティーノが書いた脚本からの引用で本書を締《し》めたい。
コミックショップに勤めるオタク青年クラレンスと娼婦《しょうふ》アラバマとの激しい愛を、バイオレンスタッチで描いたロードムービー『トゥルー・ロマンス』('93)。その冒頭、アラバマの独白《どくはく》より。

I kept asking Clarence why our world seemed to be collapsing and things seemed to be getting so shitty. And he'd say,
みじめな境遇をあたしがグチると、クラレンスはよくこう言った。

"that's the way it goes, but don't forget, it goes the other way too."
「人生はそういうものさ。だが逆転することもある」

That's the way romance is... Usually, that's the way it goes,
ロマンスも人生と同じ。大抵はみじめな結末。

but every once in a while, it goes the other way too.
ただ滅多《めった》にないことだけど、逆転することもある。

すべての離婚者に、幸せと平穏があらんことを。

令和元年10月

稲田《いなだ》豊史《とよし》

稲田豊史（いなだ・とよし）
1974年生まれ。キネマ旬報社でDVD業界誌編集長、書籍編集者を経て2013年よりフリーランス。著書に『ドラがたり のび太系男子と藤子・F・不二雄の時代』(PLANETS)、『セーラームーン世代の社会論』（すばる舎リンケージ）。「サイゾー」「SPA!」などで執筆。

ぼくたちの離婚《りこん》

稲田豊史《いなだとよし》

2019年11月10日　初版発行
2024年6月5日　4版発行

発行者　山下直久
発　行　株式会社KADOKAWA
〒102-8177　東京都千代田区富士見2-13-3
電話　0570-002-301（ナビダイヤル）
装丁者　緒方修一（ラーフイン・ワークショップ）
ロゴデザイン　good design company
オビデザイン　Zapp!　白金正之
印刷所　株式会社KADOKAWA
製本所　株式会社KADOKAWA

角川新書

ISBN978-4-04-082330-0 C0295